_____ 드림

하브루타
질문 놀이
수업

하브루타 질문 놀이 수업

초판 1쇄 발행 2018년 4월 25일
초판 2쇄 발행 2019년 10월 1일

지은이 이진숙

발행인 장상진
발행처 (주)경향비피
등록번호 제 2012-000228호
등록일자 2012년 7월 2일

주소 서울시 영등포구 양평동 2가 37-1번지 동아프라임밸리 507-508호
전화 1644-5613 | **팩스** 02) 304-5613

ISBN 978-89-6952-246-7 04370
      978-89-6952-091-3 (SET)

하브루타 질문 놀이 수업

이진숙 지음

경향BP

배움은 놀이에서 시작한다

"공부요? 놀이처럼 재미있어요."
"친구와 질문 놀이를 하다 보면 시간 가는 줄 모르게 빠져들어요."

"가족이 많이 웃고 대화하는 시간이 늘어 화목해진 것 같아요."
"교사로서 힘을 잃었을 때 다시 새 힘을 얻게 해 주었어요."
"아이들과 소통하는 문이 열렸어요."

하브루타 질문 놀이를 함께 한 아이들과 학부모, 선생님들의 반응입니다. 제가 하브루타 질문 놀이 수업을 하고 많은 학부모, 선생님과 실천 사례를 나누면서 민들레 홀씨처럼 계속해서 퍼뜨리는 이유가 바로 여기에 있습니다.

어느 그늘진 교실에도 질문의 씨앗이 뿌려졌고 한솥밥을 먹기 어려울 만큼 바쁜 가족들 사이에도 질문의 씨앗이 뿌려졌습니다. 씨앗은 대화의 꽃망울을 터뜨렸고 곳곳에서 웃음소리가 들려오고 있습니다. 가정과 학교가 따뜻하게 변해 가고 있음을 느낍니다.

저는 이 따뜻한 변화를 혼자 보고만 있을 수가 없어서 다시 글을 쓰기 시작했습니다. 2017년에 출간한 『하브루타 질문 놀이』는 하브루타를 시작하려는 학부모, 선생님들의 요청에 의해 쓴 글이었습니다. 아이들이 하브루타를 시작하기 전에 부딪치는 문제 상황과 반응, 그리고 이를 해결하기 위한 준비 과정을 소개했습니다. 이는 하브루타 질문 놀이 수업을 적용하고 일상에서 실천하기 위한 워밍업 단계였습니다. 고맙게도 많은 분이 공감해 주셨고 여러 곳에서 활용되고 있습니다.

이번 책 『하브루타 질문 놀이 수업』은 함께 하브루타 질문 놀이를 실천했던 사람들의 표정이 변하고 생각이 바뀌는 과정을 보면서 더 많은 사람에게 하브루타 질문 놀이를 알리고 싶어 안달 난 저의 욕심, 일종의 사명감 같은 이유에서 시작했습니다.

그런데 아이들과 학부모, 아이들과 선생님 간에 질문하고 대화하는 소리들을 글로 정리하는 과정은 쉽지 않았습니다. 그들이 남긴 흔적은 오로지 오고 갔던 대화뿐이었기에 참고할 만한 기록 자료가 없었습니다. 그래서 수업 중에는 아이들의 소리에 귀를 기울였다가 수업을 마치면 바로 수업 시간에 오고 갔던 대화 내용을 그대로 적어 놓는 작업을 했고, 학부모와 선생님들에게 들은 말 또한 가볍게 듣지 않고 그 마음이 녹아들게 글로 정리했습니다.

이렇게 시작한 『하브루타 질문 놀이 수업』은 공부에 흥미를 잃고 공부를 재미없는 것으로 생각하던 아이들이 공부를 게임(놀이)처럼 즐기며 몰입하는 게이미피케이션(Gamification)의 적용을 통한 학습 효과와 나눔, 소통을 통해 인성이 변화해 가는 과정까지 담아낼 수 있었습니다. 또한 4차 산업혁명의 물결 속에서 어떻게 준비해야 할지 몰라 답답해하던 학부모, 선생님들에게 방향을 제시하여 변화의 물결에 합류하는 모습을 그려 냈습니다.

'배움은 놀이에서 시작한다.'는 믿음으로 하브루타 질문 놀이를 하다 보면 배움은 궁금증을 해결해 나가는 신나고 재미있는 과정임을 알게 됩니다. 또한 서로 어울려 조화를 이루되(和) 같아지지는(同) 않는 화이부동(和而不同)을 경험하게 됩니다. 어울린다는 것, 소통한다는 것은 저마다의 다름을 인정하고 서로 존중하는 마음으로 함께한다는 것이지 모두 같은 생각이어야 한다는 것은 아닙니다.

하브루타 질문 놀이는 아이들이 다양하고 복합적인 문제 상황 속에서 유연하게 적응하고 대처할 수 있게 합니다. 4차 산업혁명에서 요구되는 역량도 키울 수 있습니다. 그러기 위해서는 먼저 자신의 삶에 질문을 던져 말을 걸고, 자기 자신과 끝없이 내적인 대화로 소통해야 합니다.

하브루타 질문 놀이 수업을 즐기며 많이 웃던 아이들, 하브루타 질문 놀이는 가정에서 먼저 해야 한다는 학부모들, 하브루타 질문 놀이를 통해 소통하고 협력하는 교실 문화로 바꾸는 선생님들께 진심으로 감사와 응원의 박수를 보냅니다. 그리고 언제나 소망을 품게 하시고, 힘이 되어 주시는 하나님께 감사의 마음을 올립니다.

이진숙

차 례

CHAPTER
02

하브루타 질문 놀이를 통해 어른들도 달라졌을까?

CHAPTER 03
게이미피케이션 적용을 통한 하브루타 질문 놀이

CHAPTER 05

하브루타 질문 놀이 실천 로드맵

CHAPTER 01

하브루타 질문 놀이를 통해
아이들은 달라졌을까?

01
공부가 재미있다는
아이들

    수업을 마칠 때쯤이면 아이들의 표정이나 목소리를 세밀하게 살피는 습관이 있다. 아이들의 반응은 그 시간의 수업이 어떠했는지 가장 잘 알 수 있는 거울이기 때문이다. "와, 드디어 끝났다."라는 말과 함께 쉬는 시간을 기다렸다는 듯한 표정들을 보면 '아, 이건 뭐지?', '수업이 지루했나?' 수업에 대해 되돌아보게 하는 물음표들이 나를 불편하게 했다. 반면 "시간이 너무 빨리 갔어요.", "시간 가는 줄 몰랐어요." 등의 반응을 보이며 비로소 시계를 쳐다보는 아이들의 모습을 보면 안심할 수 있었다. 그런데 이렇듯 열심히 공부하는 아이들의 표정을 보면 또 다른 의문이 생긴다. 열심히 공부하는 아이들의 표정이 어둡기 때문이다.

공부가 재미없는 것일까?

그래서 6학년 아이들에게 학기 초에 "공부, 어떤 생각이 드나요?"라고 질문한 적이 있다. 6학년 아이들 전체(약 165명) 중 단 7명만이 공부에 긍정적인 반응을 보였고 나머지 아이들은 대부분 공부에 대해 매우 부정적이었다. "하기 싫어요. 지루해요. 지겨워요. 답답해요. 짜증나요."와 같은 볼멘소리는 예상했던 것이기에 그럴 수 있겠다 싶었다. 그런데 "짓밟고 싶어요. 지옥 같아요. 창밖으로 집어 던지고 싶어요. 끔찍해요."와 같은 격한 반응에는 놀라지 않을 수 없었다. 6학년만 그런 부정적인 반응을 보인 것이 아니다. 입학한 지 얼마 되지 않은 1학년 아이들의 반응 또한 한 반에 2~3명 정도만 공부에 대해 긍정적이었고 나머지 아이들은 대부분 공부에 대해 부정적이었다.

물론 우리 학교 아이들만 이러한 생각을 가진 것은 아니다. 우리나라 학생들은 국제 학업 성취도 평가(PISA)에서 우수한 결과를 나타내지만 정작 공부에 대한 자신감과 흥미도는 최하위 수준이다. 장시간의 노력과 인내 속에서 공부한 결과 자신이 좋아하지도 않고 흥미도 없는 분야에서 최고의 결과를 가져온 것이다. 그 결과를 얻기 위해서 엄청난 스트레스가 있었음에 안타까움을 금할 수 없다.

왜 우리 아이들은 공부에 대한 자신감, 흥미도가 최하위 수준일까? 도대체 공부에 대해 왜 이리도 부정적일까?

아이들은 공부라는 것 자체가 재미없다고 한다. 아울러 학습량이 너무 많아 힘들다고도 한다. 대부분의 아이가 학교에서의 학습량도 많은데 방과 후에 학원을 서너 곳 이상 다니다 보니 과제가 넘쳐난다. 잠은 항상 부족하고 심지어 학교의 쉬는 시간까지 학원 과제를 하는 경우도 있을 정도로 쉬거나 놀 시간이 없다. 요즘 공교육의 흐름이 과제를 줄이거나 없애고, 평가 또한 정규 수업시간에 해결하는 추세임에도 불구하고 여전히 아이들은 많은 학습량에 늘 허덕인다.

공부의 본질은 재미없다?

여기에서 의문이 생긴다. 공부의 본질은 원래 재미없는 것인가? 아니면 공부의 본질은 재미있는 것인데 공부에 대한 생각이 변질되어 재미없다고 여기는 것인가?

결론부터 말하자면 놀랍게도 공부의 본질은 재미있는 것이다. 그런데 왜 우리는 공부가 재미없다고 생각하는 것인가? 그 이유는 몇 가지 있는데 그중의 하나는 공부를 성공하기 위한 수단이자 원하는 좋은 결과를 내기 위한 인내의 과정으로 인식해 왔기 때문이다.

한경애의 저서 『놀이의 달인, 호모 루덴스』에 의하면 우리는 공부나 일을 하기 싫어도 해야 하는 것이라고 세뇌당하며 살아왔기 때문에 공부나 일을 하면서 즐거운 마음으로 빠져들지 못한다고 한다. 공부에 의도적으로 집중하게 만들어서 '공부는 열심히 해야 한다.', '공부는 잘해야 한다.'는 의무감부터 갖게 하고, 공부는 으레 '재미없는 것', '힘들게 인내해야 하는 것'으로 인식해 그 과정을 지나야 성공할 수 있다는 생각에 주마가편(走馬加鞭)의 마음으로 항상 자기 자신을 채찍질해야 했던 것이다.

개인적인 생각이지만 농경 사회에서의 육체노동이 힘을 잃고 산업화 시대에 들어서면서 공부는 더욱더 성공의 수단이 되었고, 전문가라고 지칭하는 이른바 정신노동이 대우받는 시대로 전환되면서 공부가 인내의 과정으로 여겨졌다고 본다. 나 역시 초등학교 때부터 '인내는 쓰다. 그러나 그 열매는 달다.'는 격언을 책상에 붙여 두고, 공부의 본질은 힘들고 쓴 것이지만 잘 참아 내면 좋은 직장을 갖고 원하는 꿈을 이룰 수 있다는 생각으로 공부했던 기억이 있다.

그 당시(지금도 그런 경우가 많지만) 수업 상황을 되돌아보면 선생님은 수업 시간 내내 혼자서 설명하며 칠판 가득 필기를 하셨고, 학생들은 선생님의 설명을 들으며 칠판에 쓰인 내용을 공책에 옮겨 적기 바빴다. 학교는 지식을 전달하는 중요한 역할을 담당했고, 이러한 수업 과정에서 궁금한 것이 생길 틈이 없었으니 질문 또한 불필요했으며, 개인의 생각이란 중요하지가 않았다.

따라서 모르는 것에 대한 의문을 갖고 그 의문을 해결하는 과정에서 자신감을 갖고 기쁨을 맛보는 재미가 있어야 함에도 불구하고 우리의 공부는 질문을 가질 필요가 없으니 의문의 주고받기식 수업 대화도 언제나 부재했고 이를 통한 깨달음은 있을 리가 없었다.

공부, 기쁨의 과정이다

공부의 본질이 재미있는 것이라는 사실을 몇 가지 사례를 통해 생각해 보고자 한다.

『논어(論語)』「학이(學而)」편에 '배우고 때로 익히면 또한 기쁘지 아니한가(學而時習之 不亦說乎)'라는 말이 있다.[혹자는 '의문하고 때로 배우면(問而時學) 즐겁지 아니한가?'라고 의문, 즉 질문으로 바꿀 필요가 있다고 말한다.] '친구가 먼 곳에서 찾아오니 또한 즐겁지 아니한가(有朋自遠方來 不亦樂乎)'라는 말도 있는데, '멀리 떨어져 각자의 집에서 공부하다가(問而時學) 한곳에 모여 그에 관한 대화를 나누게 되면(有朋自遠方來) 깨달음과 기쁨이 훨씬 커진다.'는 뜻이다. 이처럼 공자는 2,500여 년 전부터 공부의 즐거움을 말했다.

유대인들은 아이가 3살이 되면 글자에 꿀을 발라 맛보게 하여 어릴 때부터 공부는 달콤하고 매우 흥미로운 것이라는 인식을 갖게 해 준다고 한다. 아이를 억지로 앉혀 놓고 가르치는 것이 아니라 뭔가 배움을 주고 싶으면 질문을 통해 아이가 스스로 답을 찾아 기쁨과 자신감을 맛보게 하는 것이다. 따라서 아이들은 어릴 때부터 '진실을 향한 질문', '가르침의 권위에 대한 도전'을 통해 모든 것을 당연하게 받아들이지 않고 윗세대, 권위자, 지식인과 끝없이 논쟁하며 배움의 지적 희열을 즐긴다. 이에 '100명의 유대인이 있으면 100개의 의견이 존재한다.'라는 말이 있을 정도다.

소크라테스는 "새로운 앎은 자신의 부족함을 깨닫는 것으로부터 시작된다."며 제자들에게 지식을 직접 가르쳐 주기보다는 대화와 문답을 통해 깨달음의 기쁨을 알게 해 주었다.

우리가 익히 아는 바와 같이 성경을 통해 본 예수의 모습은 실천을 통해 제자들에게 의문을 갖게 하고, 제자들의 질문에 대답과 동시에 또 다른 궁금증을 생기게 하여 더욱 더 깊은 깨달음을 갖게 하였다.

이렇듯 공부의 본질은 자신이 알고 있는 것을 그대로 전해 주고 전달받는 것, 즉 복사의 과정이 아니라 나이, 직위에 상관없이 배움이 필요한 사람이 모르는 것에 대해 의문의 물음표를 던져 깨달음의 느낌표를 얻는 기쁨의 과정이라 할 수 있다.

게이미피케이션, 공부와 놀이의 융합

아이들이 공부를 재미없어 하는 또 하나의 이유는 공부와 놀이를 철저히 분리해 생각하고 있기 때문이다.

"이렇게 놀기만 하면 이 다음에 커서 뭐가 될래?"

"게임을 그렇게 좋아하면 공부는 언제 할래?"

대부분의 부모는 놀이(게임)에 대해 매우 부정적인 생각을 갖고 있기 때문에 놀이(게임)를 좋아하는 아이들은 공부를 못한다는 편견과 함께 자녀의 미래를 불안해하며 우려를 나타낸다. 따라서 아이들은 놀이가 공부를 방해하는 것이라는 인식을 가지게 되고 놀면서도 놀이의 즐거움을 온전히 얻지 못한다. 놀이와 공부를, 놀이와 일을 분리해서 생각하면 여전히 공부와 일은 힘겨운 노동이 될 수밖에 없다.

루트번스타인 부부가 쓴 『생각의 탄생』에 나오는 다음 글은 놀이가 공부를 방해한다는 생각을 완전히 뒤엎고 있다.

"의심할 바 없이 단어 게임, 보드 게임, 음악 게임, 시각 게임, 퍼즐, 장난감, 그 밖에 상상할 수 있는 거의 모든 지적 오락은 여러 분야에서 활용될 수 있는 기술이나 지식, 개념을 발달시킨다. 단어 게임에 관한 지식은 음악과 결정학에 응용될 수 있고 카드 게임은 통계학과 진화론에, 시각 게임은 건축과 심리학 그리고 생화학에 필요한 지식을 제공할 수 있다. 우리가 그저 재미로 해 보는 놀이는 의외의 보답을 해 준다. 우리는 그것을 가지고 실생활의 문제를 푸는 데 응용하거나 어떤 불가사의한 현상에서 유추를 끌어낼 수 있다. 실제로 우리는 놀이로부터 배워야 할 것이다.

위와 같이 '배움은 놀이에서 시작된다.'는 생각을 뒷받침하는 사례는 너무나도 많다. 미생물을 가지고 놀았던 알렉산더 플레밍은 평소에 과학을 게임이라 생각하고 놀이처럼 즐긴 결과 페니실린을 발견하였고, 모빌로 유명한 콜더 역시 놀이를 통해 공간과 그 속의 물체가 움직이는 방식을 고찰했다고 한다. 『이상한 나라의 앨리스』를 쓴 작가 루이스 캐럴 또한 논리적 개념들을 가지고 놀았고, 모차르트·바흐와 같은 음악가들 또한 놀면서 아름다운 음악들을 탄생시켰다.

이렇듯 놀이 그 자체를 즐기는 사람이 창의적인 유연성을 가지고 새로운 창조의 세계를 열어 왔음을 생각할 때 놀이의 본질을 단순히 공부나 일을 위한 휴식의 도구 정도로만 생각하는 것은 문제가 있다. 요한 하위징아가 저서 『호모 루덴스』에서 "사람은 생각하고 노동하는 것보다는 놀이하는 인간에 더 가까우며 놀이와 진지함의 구분이 사라져 하나로 융합된다."고 말했듯이 놀이는 진지함, 즉 공부나 일과 대비되거나 구분되는 개념이 아니라 공부·일 속에서 그것들과 함께 얽히고 어우러져 즐기던 삶의 표현으로 봐야 한다.

아울러 정보화 시대에 들어서면서 게임 시장의 확장은 놀이(게임)에 대한 인식을 변화시켰고, 4차 산업혁명 시대의 현 시점에서는 놀이에 대한 부정적인 생각과 공부와 놀이를 분리시켰던 기존 사고방식이 "놀이는 더 이상 어린이의 전유물이 아니며 공부와 놀이(게임)의 통합은 분야와 경계를 넘나드는 창조적 사고를 가능하게 한다."는 새 패러다임으로 완전히 바뀌고 있음을 알 수 있다.

이러한 변화는 '게임'에 '~化'(~fication)를 붙여 만든 게이미피케이션을 통해 실현되고 있다. 2002년 닉 펠링(Nick Pelling)은 다양한 동기부여 이론을 토대로 게임적 사고와 기법을 도입하여 게임처럼 재미있게 즐기며 몰입할 수 있는 교육 방식을 개발하였고, 칼 카프는 그의 저서 『게이미피케이션, 교육에 게임을 더하다』를 통해 게임 기반 사고가 학습 효과를 높이는 수많은 연구 결과를 소개하고 있다. 최근 북미와 유럽 지역에서는 기업과 공공정책, 뉴스·미디어, 교육, 보건·의료, 스포츠, 환경, 모의실험, 마케팅 등 다양한 분야에서 활용되고 있다.

다행히 우리나라도 4차 산업혁명 시대에 들어서면서 교육 게이미피케이션을 시도하는 대학 교수들이 점차 늘고 있으며, 게이미피케이션 연수에 참여하는 교사들도 늘어 가는 추세다. 또한 중학교 자유학기제를 통해 학생들 스스로 '포켓몬Go', '보드게임' 등을 수학, 과학 문제와 연결하여 재미있게 소통하는 모습은 하브루타 질문 놀이를 통해 게이미피케이션을 시도하는 나와 같은 교육자들에게 많은 힘이 되고 있다.

공부, 집중보다는 몰입이다

마지막으로 공부가 재미없는 중요한 이유는 공부에 자연스럽게 몰입하는 내적 동기유발보다는 의도적으로 집중하는 훈련을 통한 외적 동기유발이 많기 때문이다. 집중과 몰입은 비슷한 것 같지만 다르다. 집중하는 것은 의식적이고 인위적으로 공부에 모든 힘을 쏟는 상태인 데 반해 몰입하는 것은 물 흐르듯이 무의식적으로 공부에 빠져서 즐거움을 느끼는 심적 상태를 말한다.

우리가 지금까지 해 왔던 지식 전달식, 주입식, 암기, 필기는 가르치는 사람이 배우는 사람에게 일방적으로 'in put'해야 하므로 집중하지 않으면 공부의 목적을 달성하기 어렵다. 그래서 공부를 하기 위해서 제일 먼저 해야 하는 활동이 바로 의도적인 주의 집중 훈련이었다. 물론 주의 집중 훈련이 불필요하다는 것은 아니다. 의도적으로 집중하다 보면 몰입에 이르는 경우도 있기 때문이다.

단지 우리가 유념해야 할 것은 공부를 위한 주의 집중 훈련이 학습자가 학습 내용에 대한 의문이나 관심, 호기심을 불러일으켜 공부에 저절로 빠져들기보다는 다른 생각을 차단시키고 움직이고 싶은 마음을 절제시키는 데 그치지 않았는가 하는 것이다. 집중은 의도적인 노력에 의해 빠져들게 하는 현상이므로 스트레스와 피로감이 많다.

　반면에 하브루타 질문 놀이는 학습자가 모르는 부분에 대한 질문을 통해 대화와 토론을 하며 해답을 찾기 위해 스스로 몰입하므로 스트레스보다는 오히려 공부에 대한 재미와 지적 희열을 느낀다고 할 수 있다. 『몰입의 기술』을 쓴 칙센트 미하이 교수도 "몰입을 잘하는 사람이 행복해한다."고 말했다.

　하브루타 질문 놀이를 수업에 적용한 이후 아이들의 공부에 대한 생각에 큰 변화가 일어났다. 공부에 몰입하며 아이들의 얼굴 표정이 매우 밝아졌다.

공부의 본질을 회복한 아이들

　이처럼 아이들이 하브루타 질문 놀이 수업에 빠져 시간 가는 줄 모르게 재미를 느끼는 이유가 무엇일까? 그 이유는 공부를 놀이처럼 하기 때문이다. 하브루타 질문 놀이 수업은 친구, 대화(공부 수다), 재미라는 놀이의 요소가 다 들어가 있다. 다시 말해 지금까지 공부는 혼자, 조용히 했기 때문에 공부를 일처럼 노동처럼 인내의 과정으로 여기면서 의도적으로 집중했다. 그런데 하브루타 질문 놀이는 자연스럽게 질문이 쏟아지고, 친구의 생각을 알고 싶어 수다(대화) 떨면서 몰입하게 된다. 공부 수다 속에서 나온 생각들이 서로 충돌하면 아이들의 눈은 더욱 빛나고 대화할 시간이 부족해 쉬는 시간까지 이어지는 모습을 종종 본다.

하브루타 질문 놀이 수업을 하기 전에 물었던 "공부, 왜 할까요?"에 대부분의 아이는 '공부를 어떤 목적을 이루기 위한 수단'으로 생각하거나 "공부하는 이유를 깊이 생각해 본 적이 없다."고 했다. 그런데 하브루타 질문 놀이 수업을 함께한 아이들은 "공부가 재미있고 궁금하기 때문에 한다."는 대답을 한다. 공부의 본질을 회복한 아이들이 공부에 대한 생각을 바꾸고 재미있게 즐기면서 하게 된 것이다.

하브루타 질문 놀이를 통해 모든 아이가 공부의 재미에 빠져들어 많이 행복하면 좋겠다.

T : 공부, 왜 할까요?

S1 : 남들이 하니까 하죠.

　　(부모님이 시켜서 해요.)

S2 : 좋은 대학에 가기 위해서요.

S3 : 돈을 많이 벌기 위해서입니다.

S4 : 좋은 직장에 다니기 위해서요.

S5 : 훌륭한 사람이 되기 위해서입니다.

T : 공부, 왜 할까요?

S1 : 재미있으니까 하죠.

S2 : 궁금하니까 할 수밖에 없어요.

S3 : 궁금한 걸 알게 되면 너무나 기쁘고 행복해요.

02
궁금증에 불이 켜졌다는
아이들

요즘 교육에서 가장 핫한 단어는 '질문'이다. 질문을 살리자는 목소리는 교육계에서만 높은 것이 아니다. 질문을 할 수 없었던 침묵의 '눈치 문화'는 교육은 물론이고 언론, 문화·예술, 정치 등 사회 각층에서 심각한 부작용을 낳았으며 우리나라의 총체적인 문제점이 되었다.

아이러니하게도 최근 몇 년 동안 질문이 사라진 교실에 대한 우려의 목소리를 가장 크게 냈던 언론사들 또한 정작 질문하지 않았다. 언론은 국민들의 궁금증을 대신 질문하며 소통했어야 했지만 불통했고 대신 그 답답함의 방향을 교육 탓으로만 돌렸다. 그래서인지는 몰라도 교육계에서는 돌풍처럼 질문의 중요성을 강조하게 되었고, 질문이 일상인 유대인의 하브루타 문화 운동이 급격히 확산되어 왔다.

질문과 토론이 살아나다

　민주주의 국가에서 살아온 우리가 질문을 하지 못하고 토론을 활성화시키지 못한 이유는 무엇인가?

　질문의 문화 운동을 펴고 있는 김정완 탈무드 교육 전문가는 궁극적인 이유를 일제식 주입 교육과 군사정권이 만들어 놓은 입시 위주의 교육으로 보고 있다. 그가 쓴 『대한민국에서 왜 질문이 사라졌는가?』의 내용을 간단히 살펴본다.

　조선시대의 성리학과 유학은 모두 질문과 토론을 강조하는 학문이었고 중앙교육기관이었던 성균관에서는 질문과 토론의 수업 방식으로 논리적 사고 능력과 날카로운 분석 능력, 질문 능력이 뛰어난 이들이 붕당정치를 통해 서로 논쟁을 많이 했다. 아울러 왕권과 신권을 동시에 견제하는 장치였던 대간제도는 독재를 막을 수 있는 시스템으로 성리학적 가르침에 어긋날 시에는 언제든지 반대의견을 표시할 수 있었다.

　1910년 경술국치 이후 일제는 교육은 물론 정치에서도 질문과 토론 문화가 활발했던 조선시대의 붕당정치를 당파싸움으로 폄하하면서 우리의 질문과 토론 문화를 말살했으며, 이때부터 조선의 교육은 철저히 일제 식민지사관과 군국주의를 주입하는 장에 불과했다. 해방 이후에도 식민사관에 찌든 친일파들이 정권을 잡으면서 질문과 토론은 아예 씨가 말랐다.

군사정권은 자신들이 원하는 내용들만 가르치게 했고 입을 열어 떠들면서 공부하면 금세 혼란이라도 오는 양 국민들의 입을 봉하기에 바빴다. 군사정권에 반하는 질문이라도 하면 종북 좌파로 몰아세우고 그들이 만들어 놓은 일제식 주입 교육의 입시 체제 속에서 교육은 돈과 권력을 얻기 위한 수단으로 매몰된 채 진짜 배움은 사라져 갔다는 것이다.

참으로 무겁고 가슴 아프지만 대부분 공감 가는 내용이다. 그래도 천만다행인 것은 어려운 여건임에도 불구하고 그동안 질문의 중요성을 알리고 질문을 통해 대화와 토론을 회복하려는 움직임을 보이는 사람들이 있었다는 것이다. 그들의 노력으로 인해 질문의 교육, 질문의 문화가 서서히 우리 사회에 뿌리 내리고 있기 때문에 주입식 강의 교육, 지시 전달 문화의 폐단이 사라질 것이라는 희망을 가져 본다.

나도 그들과 같은 생각을 가진 사람들 중 한 사람으로서 궁금한 것이 없는 아이들, 질문할 줄 모르는 아이들, 질문할 필요성과 그 중요성을 전혀 몰랐던 우리 아이들을 '하브루타 질문 놀이'를 통해 습관적으로 궁금증이 생겨 질문을 할 수밖에 없고 자꾸 의문이 들어 물음표를 다는 아이들로 변화시키는 데 작은 힘을 보태고 있다.

질문을 쏟아내는 아이들

4학년 민호는 교과서나 동화책의 "봉선화 씨앗은 까만 구슬알갱이 모양입니다. 참외 씨앗은 갸름한 타원형입니다."와 같은 서술형 문장을 '모양입니까?, 타원형입니까?'와 같은 의문형 문장으로 바꾸어 읽은 후부터 '봉선화 씨앗은 정말 구슬알갱이일까?', '참외 씨앗은 갸름한 타원형일까?'에 대한 궁금증을 해결하고 싶어 씨앗을 자세히 관찰하고 탐구하는 습관이 생겼다고 한다. 아이들은 마침표로 읽으면 전혀 궁금하지 않던 내용이 신기하게도 물음표로 읽는 순간 호기심 천국이 된다고 말한다.

3학년 수민이는 동요나 교과서의 노래를 '퐁당퐁당 돌을 던질까? 누나 몰래 돌을 던질까?'와 같이 의문형으로 바꾸어 부르는 걸 좋아한다. '물음표로 바꾸어 노래하면 노래 가사에 대한 궁금증과 노랫말을 쓴 사람에게 묻고 싶은 것이 아주 많아진다.'고 하며 다음과 같은 질문을 쏟아낸다.

왜 누나 몰래 돌을 던질까?

누나는 어떤 나물을 씻는 걸까?

나물을 씻는 누나는 무슨 생각을 하고 있을까?

동생은 누나와 평소에 사이가 좋았을까?

누나는 동생의 마음을 알고 있을까?

노래 가사를 쓴 사람의 어릴 적 이야기일까?

노래 가사를 쓴 사람이 누나를 무척 그리워하고 있는 걸까?

'하브루타 질문 놀이'를 하다 보면 저절로 궁금증이 생겨 질문을 할 수밖에 없다며 변화하는 자신이 신기하다고 말하는 아이들을 보면 고맙기만 하다.

S1 : 전에는 책을 읽기만 하고 바로 덮었는데 이제는 질문이 막 생겨서 그냥 덮을 수가 없어요.

S2 : 질문이 자꾸 생각나서 공책에 질문을 쓰다 보니 어마어마해요.

S3 : 단어 한 개를 가지고 이렇게 많은 질문을 생각할 줄 몰랐어요.

S4 : 친구들의 질문을 들어 보니 상상도 하지 못했던 질문이에요.

S5 : 질문은 등대 같아요. 불이 깜빡깜빡 하듯이 궁금증에 불이 켜져요.

S6 : 노래하다가도 질문이 생겨서 신기해요.

S7 : 질문으로 글을 읽고 질문 릴레이를 하니까 궁금증이 저절로 생겨나요.

S8 : 처음엔 질문하기가 어려웠는데 이젠 너무 쉬워졌어요.

S9 : 궁금해서 자꾸 자꾸 책을 읽고 공부하게 돼요.

S10: 엄마가 웃으면서 '궁금한 것이 많아 배고프겠다.'라고 말씀하세요.

S11 : 생각주머니에 환하게 불이 켜진 것 같아요.

03
생각의 근육을 키우는 아이들

　독일의 대문호 괴테의 어머니는 잠자기 전에 어린 괴테에게 책을 읽어 주었다. 그런데 이야기를 들려 줄 때마다 가장 재미있는 클라이맥스 부분에서 이야기를 멈추었다. 그리고 다음 이야기가 어떻게 이어질지 스스로 상상해서 말하게 했다. 이렇게 키워진 괴테의 상상력은 날이 갈수록 커져만 갔고 마침내 7살의 나이에 동화를 쓰게 되었다.

　괴테의 어머니가 자녀 교육에서 가장 중요하게 생각했던 것은 바로 상상력을 길러 주는 일, 즉 생각의 근육을 키워 주는 일이었다. 생각의 근육을 키운다는 것은 무엇일까? 이는 다른 사람이 이미 묘사하는 세계에 머무르는 것이 아니라 자신만의 세계를 창조하는 것이다. 책의 내용을 처음부터 끝까지 그대로 듣고 알기만 해서는 상상할 수 없고, 상상할 수 없으면 창조도 할 수 없다. 괴테가 어린 나이에 동화를 쓰고 대문호가 될 수 있었던 것은 바로 상상이라는 정신적인 땀을 흘려 생각의 근육을 단단하게 만들어 냈기 때문이다.

우리나라에도 어릴 때부터 아이들에게 책을 읽어 주는 부모가 많아졌다. 초등학교 1, 2학년 교실에는 어머니들이 시간을 내어 책을 읽어 주는 사례도 많다. 그런데 책을 읽어 주는 활동일 뿐 질문을 할 기회를 주거나 책에 대한 아이들의 생각을 말할 시간은 대부분 주어지지 않는다. 아이들의 독서 습관은 책의 글자 읽기, 내용 알기가 전부이며 그나마 책을 쓴 지은이의 세계를 엿보거나 공감하면 다행이고, 자녀가 책을 읽는 그 자체로 만족하는 부모도 많다.

우리나라 교과서는 또 어떤가? 텍스트 내용에 대해 알고 있는지에 대한 물음만 있을 뿐 정작 텍스트에 관한 아이들의 생각을 묻는 질문은 그 어디에도 없다. 상황이 이렇다 보니 우리 아이들은 생각의 근육을 키우기 위해 정신적인 땀을 흘려 본 경험이 많지 않으며 땀의 소중함과 가치를 잘 알지 못한다. 생각의 근육이 약해진 아이들에게 정신적인 땀을 흘려야만 하는 질문을 던지면 매우 불편해하고 귀찮은 반응부터 보이는 것은 당연하다고 할 것이다.

이 당연한 일이 몇 해 전부터 내게는 참을 수 없는 안타까움으로 다가왔다. 그래서 많은 시간을 고민한 결과 생각의 근육을 키워 줄 수 있는 '하브루타 질문 놀이' 방법을 생각하게 되었다. 특히 괴테의 어머니와 같은 방법으로 책을 읽어 주고 클라이맥스 부분에서 질문 꼬리잡기 놀이를 했더니 그 효과는 상상 이상이었다. 질문 꼬리잡기 놀이가 깊이 있고 다양한 생각을 창조하는 과정이다 보니 정신적인 땀을 많이 흘릴 수밖에 없고 그만큼 생각의 근육은 단단해져 갔다.

스웨덴 스톡홀름에서 오랫동안 철학 수업을 했던 리자 하글룬트는 저서『생각연습 : 생각의 근육을 키우는 질문 34』를 통해 현실 속에서 마주치는 질문들에 대해 스스로 생각하는 방법을 연습할 것을 권한다. 이 책은 독일에서 '생각놀이(Gedankenspiele)'라고 번역되었는데, 현실에서는 할 수 없던 혹은 할 수 없는 것을 떠올려 보는 것이라는 의미로서 생각을 가지고 이리저리 굴리며 노는 것을 뜻한다. 아주 많은 질문이 꼬리에 꼬리를 물고 이어지며, 교실에서 일어날 수 있는 일 또는 먼 미래에 일어날 수 있는 일 등 아주 다양한 상황과 사례를 제시하며 그 상황 속에 들어가 자유롭게 생각해 보도록 이끌어 준다. 아울러 질문을 통해 마치 놀이하듯 즐겨 생각하게 하여 삶의 기초인 생각 자체에도 연습이 필요함을 강조한다.

생각놀이를 즐기다

하브루타 질문 놀이를 적용하는 교사, 학부모들은 될 수 있는 한 자신의 말을 적게 하여 가르침의 역할을 줄이고 대신 아이들이 번민과 갈등, 비교, 선택, 판단을 밀도 있게 행하도록 자극하는 질문과 생각의 과정을 돕는다. 따라서 질문 놀이를 많이 해 본 아이들은 그 어떤 질문도 두려워하지 않고 오히려 질문을 즐긴다. 질문에 대한 대답이 때론 늦을 수는 있어도 대답을 피하지 않는다. 대화 상대의 대답에 귀 기울이고 새로운 질문을 던져 마치 탁구를 치듯 문답이 자연스럽게 오가면서 자신의 생각을 만들어 간다.

습관적으로 "그냥, 몰라, 귀찮아."라고 말하며 정신적 땀을 흘리는 것을 귀찮아했던 대부분의 아이가 이제는 땀의 가치를 깨달아 좀 더 신중하고 진지한 모습으로 학습과 삶에 대한 깊은 고민에 어떻게 답할 것인지 생각을 연습하며 생각의 근육을 키워 가고 있다.

5학년 현우는 평소에 엄마와 질문으로 속담을 주고받는 속담놀이를 자주 한다고 한다. 속담은 옛날 것이라 무시하고 관심도 없던 현우가 속담에 대한 관심과 호기심이 커지고, 요즘 시대에 맞게 속담을 바꾸어야 한다는 등 질문과 대화가 끝이 없다고 한다.

현우 : 발 없는 말이 천 리 갈까?

엄마 : 개천에서 용 날까?

현우 : '발 없는 말이 천 리 간다.'는 속담은 (인터넷 때문에) '너무 빨리 가서 문제다.'로 바꾸면 어떨까요?

엄마 : 빨리 가는데 무엇이 문제일까?

현우 : 사람들이 생각할 시간이 없어요. 자신의 생각보다는 남의 생각에 더 많은 관심이 있는 것 같아요. 그리고 헛소문이 금방 퍼지니까 피해 보는 사람도 많

잖아요.

현우: 요즘은 개천에서 용 나기는 정말 어려운 것 같아요.

엄마: 왜 그렇게 생각하니?

현우: 금수저로 태어나면 평생 금수저로 살고 흙수저로 태어나면 평생 흙수저로
     살아갈 가능성이 많으니까요.

엄마: 흙수저가 금수저로 될 가능성이 없다는 거니?

현우: 네. 그래서 빈부의 격차는 점점 더 심해진다고 생각해요.

하브루타 질문 놀이를 통해 생각을 깊이 있고 다양하게 전개해 가는
아이들의 반응을 보면 생각의 근육을 조금씩 단단하게 키워 가고 있음을
알 수 있다.

S1 : 생각이 꼬리에 꼬리를 물고 일어나요.

S2 : 생각이 깊어지고 다양해졌어요.

S3 : 친구들의 생각과 비교할 수 있어서 많이 배워요.

S4 : 공부하는 데 이제는 자꾸만 설레게 되었어요.

S5 : 상상하는 버릇이 생겼어요.

S6 : 자꾸만 관찰하고 싶어져요.

S7 : 새로운 생각들이 자꾸 떠올라요.

S8 : 나의 생활과 연결된 생각을 하는 습관이 생겼어요.

S9 : 만약에 나라면? 나의 행동과 연관 지어 보니 생각하는 것이 어렵지 않아요.

S10: 질문 속담놀이를 하고 있으면 저 자신의 생각에 제가 깜짝 놀라게 돼요.

S11 : 질문 꼬리잡기는 정말 대단해요. 저의 생각을 완전 바꾸었으니까요.

S12 : 이제는 생각하는 것이 귀찮지 않아요. 오히려 재미있어졌어요.

S13 : 생각의 근육이 점점 커지는 느낌이에요.

04
문제를 스스로 해결하는 아이들

어느 날 6학년 태호와 영우가 큰 소리로 화를 내며 싸웠다. 태호가 자신의 별명을 부르며 놀린 영우에게 화를 내면서 시작된 것이었다. 싸움을 하는 아이들을 말리며 먼저 서로에게 질문 릴레이를 하게 했다. 싸움에 대해 각자 질문 10개를 쓰게 한 후 쓴 질문을 서로 바꾸어 읽게 했다. 그리고 상대의 질문 중에 3개 이상을 선택해 대답하게 했다.

〈태호의 질문 릴레이〉

영우는 왜 나를 놀렸을까?

영우가 나를 놀린 것은 진짜 장난이었을까?

영우는 내가 별명 부르는 걸 싫어한다는 걸 몰랐을까?

영우는 내가 크게 화를 냈을 때 기분이 어땠을까?

나는 영우의 놀림에 왜 참지 못했을까?

영우에게 앞으로는 별명을 부르지 말라고 말해야 할까?

내가 조금만 참았어도 크게 싸웠을까?

영우도 지금 후회하고 있을까?

영우에게 먼저 미안하다고 말해야 할까?

내가 잘못했다고 말하면 영우는 사과를 받아들일까?

〈영우의 질문 릴레이〉

태호는 왜 그렇게 화를 냈을까?

태호는 진짜로 별명 부르는 걸 싫어하는 걸까?

태호는 내가 장난으로 그런 것인 줄 몰랐던 걸까?

내가 별명을 불렀을 때 태호의 기분은 어땠을까?

내가 태호라면 어떤 기분이었을까?

친구에게 별명을 부르는 것은 잘못일까?

태호가 화를 냈을 때 왜 나는 같이 화를 냈을까?

내가 먼저 별명을 불렀으니까 내 잘못이 큰 것일까?

태호에게 먼저 사과해야 할까?

사과를 할 때 무슨 말부터 해야 할까?

태호는 영우가 쓴 질문 중에서 다음 질문을 선택하고 대답을 해 주었다.

영우의 질문 : 태호는 왜 그렇게 화를 냈을까?

태호의 대답 : 나는 내 별명 원숭이가 싫어. 그런데 네가 자꾸 그 별명을 부르니까
　　　　　　　놀리는 것 같아서 화가 났어.

영우의 질문 : 태호는 내가 장난으로 그런 것인 줄 몰랐던 걸까?

태호의 대답 : 나는 영우 네가 장난으로 그런 줄 몰랐고 장난으로라도 원숭이라고
　　　　　　　부르지 않았으면 좋겠어.

영우의 질문 : 내가 먼저 별명을 불렀으니까 내 잘못이 큰 것일까?

태호의 대답 : 네가 원숭이라고 불렀을 때 내가 그런 별명 싫다고 말했어야 하는데
　　　　　　　화부터 낸 것은 내 잘못이야. 미안해.

이어서 영우는 태호가 쓴 질문 중에서 다음 질문을 선택하고 대답을
해 주었다.

태호의 질문 : 영우는 내가 별명 부르는 걸 싫어한다는 걸 몰랐을까?

영우의 대답 : 나는 진짜 네가 그 별명을 싫어하는 줄 몰랐어. 진짜야.

태호의 질문 : 영우는 내가 크게 화를 냈을 때 기분이 어땠을까?

영우의 대답 : 솔직히 많이 당황했고 네가 화를 내니까 나도 기분이 나빠져서 화를
　　　　　　　냈어. 네 기분을 생각하지 못한 것 같아.

태호의 질문 : 내가 잘못했다고 말하면 영우는 사과를 받아들일까?

영우의 대답 : 네가 사과하기 전에 내가 먼저 사과하고 싶어. 이제부터는 별명을
　　　　　　　부르지 않을게. 미안해.

훈계하지 말고 질문하게 하라

아이들이 싸울 때면 어른들은 주로 싸우는 아이들의 이야기를 들어 본후 훈계하고 나서 화해를 시도한다. 그러나 아이들이 화가 풀리지 않은상태에서 각자 이야기를 하게 하면 오히려 더 큰 소리가 나고 상대에 대한 새로운 오해가 생겨 해결보다는 화를 부추길 수 있다. 훈계를 통해 억지로 화해하게 하면 어른들 앞에서만 억지로 화해하는 척할 뿐 마음은진심으로 풀리지 않은 경우가 많다. 따라서 좋은 해결 방법은 아니다.

아이들이 싸울 때 해결 방법을 고민하는 어른들이라면 싸우는 아이들에게 질문 10개 만들기, 질문 릴레이를 권장하고 싶다. 꼭 질문 10개를 다쓰지 못하더라도 아이들은 질문을 쓰면서 마음을 진정시키는 효과를 얻을 수 있다. 아울러 질문을 쓰는 과정에서 자신이 한 일을 되돌아보고 상대방의 기분과 입장을 생각해 보면서 스스로 잘잘못을 헤아리고 사과하고 싶은 마음까지 생긴다.

처음 질문을 쓸 때는 대부분 억울함을 호소하는 질문으로 시작하지만차츰 자신의 잘못을 깨닫고 화해하고 싶은 질문으로 마무리한다. 이어서질문을 바꾸어 읽는 순간 상대의 마음을 알고 상대의 입장에서 생각하는역지사지(易地思之)가 가능하기 때문에 얼었던 마음은 이미 풀려 있다.마지막으로 상대의 질문에 나의 생각을 대답하면서 완전히 화해 모드로접어들게 되고 자신의 행동에 대해 후회하고 앞으로의 실천 의지까지 스스로 다지게 된다.

아이들은 싸우면서 크는 법이다. 이때 어른들이 잘못 끼어들면 싸움으로 인해 오히려 깊은 상처가 생길 수 있고 평생 잊지 못할 트라우마를 갖게 될 수도 있다. 학교에서 아이들이 싸울 때 평소 장난꾸러기를 나무라고 얌전하고 모범적인 아이 편에 서는 선생님이나, 자녀가 싸울 때 큰아이를 나무라고 작은아이 편을 들어 주는 부모의 편견은 해결이 아니라 오히려 더 큰 화를 자초할 수 있다.

어른들은 아이들의 싸움에서 어느 편에 서서 잘잘못을 가려 주고 훈계하는 것보다 스스로 해결하게 해야 한다. 어른들이 아이들에게 스스로 질문하게 하고 대화를 통해 화해하게 하는 역할만 잘한다면 아이들의 싸움은 오히려 상대를 이해하고 배려하며 소통할 수 있는 좋은 기회로 성장의 밑거름이 된다.

S1 : 질문을 쓰는 동안 싸우면서 기분 나쁘고 화났던 것이 풀려요.

S2 : 싸운 뒤 질문을 쓰니까 싸움에 대해 깊이 생각하게 돼요.

S3 : 싸운 뒤에 질문 쓰기는 제가 잘못했음을 인정하게 해요.

S4 : 친구의 잘못만 생각했는데 질문을 통해 제 잘못이 더 크다는 걸 깨닫게 돼요.

S5 : 친구가 쓴 질문을 바꾸어 읽어 보면 모든 오해가 잘 풀리는 것 같아요.

S6 : 친구와 질문을 바꾸어 읽고 그 질문에 대답하다 보면 화가 모두 풀리고 웃음이 나와요.

S7 : 화해하는 방법 중 질문 쓰기는 최고예요.

S8 : 질문을 바꾸어 읽다 보면 친구 생각을 알 수 있고 입장을 바꾸어 생각하게 돼요.

S9 : 어른들도 이렇게 화해하면 잘 안 싸울 것 같아요.

S10: 우리 아빠와 엄마도 이 방법으로 화해하면 정말 좋을 것 같아요. 부모님이 싸울 때 이 방법을 알려 드릴 거예요.

S11 : 싸움은 해결만 잘하면 다 나쁜 것이 아니라는 걸 알게 되었어요.

S12: 이제는 잘 싸우지 않아요. 화가 나도 좀 참고 친구를 이해하려고 노력하게 되었어요.

05
친구와 어울리고 싶은
아이들

　어릴 때를 떠올려 보면 친구들과 잘 어울렸다는 생각이 든다. 학교에
서는 틈틈이 반 친구들과 어울려 놀았고 방과 후에는 동네 아이들과 해
지는 줄 모르게 놀거나 친구 집에 우르르 몰려가서 함께 숙제를 했다. 쉬
는 시간에도 친구들과 함께 어울려 노는 것이 좋았고 점심시간에 서로
반찬을 나누어 먹으면서 신나게 수다를 떨었던 기억이 많다.

　그러나 지금의 아이들은 친구들과 함께 어울리기가 어렵다. 학교는 정
규 수업 이외에도 방과 후 활동과 돌봄 교실 등 교육은 물론 양육의 역할
까지 확대되어 가장 긴 시간을 친구들과 함께 지내는 곳이 되었으나 아
이들은 실제로 잘 어울리지 못한다. 급식이 제공되어 부모의 일손을 덜

고 모두 함께 밥을 먹을 수 있는 반면에 각자의 자리에서 급식을 먹을 뿐 삼삼오오 함께 모여 서로 다른 반찬을 나누며 어울렸던 모습은 사라져 버렸다.

학교에서 귀가한 뒤에도 아이들은 학원으로 향하고, 동네 그 어디에서도 아이들이 함께 노는 모습을 볼 수 없으며, 가정에서도 친구와 함께 어울리는 모습을 보기 힘들다. 어쩌다가 시간이 생기면 컴퓨터나 휴대폰으로 각자 게임을 하는 것이 아이들이 놀거나 쉬는 방법이다.

상황이 이렇다 보니 학교에 있는 시간은 많은데도 불구하고 아이들은 어울려 노는 것보다 혼자 노는 것이 편하고, 친구들과 함께 어울려 공부하는 것보다 혼자 공부하는 것을 당연하게 생각한다. 오히려 함께 어울려 노는 것을 어색해하고 부담스러워한다. 모둠 학습을 할 때는 수준이 안 맞는다고, 속도가 안 맞는다고, 성격이 다르다는 등의 이유로 불만이 터져 나오고 함께 공부하는 것 자체를 불편해하여 협력, 협동학습의 의미를 무색하게 한다.

더구나 최근에는 가정에서 부모가 직접 교육을 담당하며 혼자 공부할 수 있는 홈스쿨링도 많이 하고 있고, 친구와 함께 어울리지 못하는 아이들을 위한 대안학교가 많이 생겨나서 굳이 불편을 감수해야 할 이유가 사라지고 있다.

하지만 학교는 교사에게 배우는 것도 많지만 친구를 통해 배우는 것 또한 많다. 공자의 말대로 혼자서 공부해도 즐겁지만 친구와 함께 공유하면 즐거움은 더 커진다. 혼자서 공부하는 경우에는 텍스트의 내용을 알고 흡수하는 데 그치기 쉬우나, 함께 어울려 공부할 경우에는 텍스트의 내용에 대한 이해는 물론 각자의 생각을 공유하여 더욱더 깊이 있고 다양한 자신만의 생각 만들기가 가능해진다. 물론 수업이 일방적인 전달의 의미가 아니라 쌍방적 상호작용의 관계이며 대화를 통해 서로의 생각에 의문과 탐구를 강화하면서 협력적인 공동체를 형성하는 것을 전제로 하는 경우에서 말이다.

이런 협력적인 공동체를 형성하여 하브루타 질문 놀이를 하는 아이들은 친구와 함께 어울리고 싶은 마음과 친구에 대한 고마운 마음이 저절로 생긴다고 말한다. 하브루타 질문 놀이를 통해 자연스럽게 래포(rapport)를 형성하며 친구의 소중함을 알게 되고, 공부는 물론이고 매사에 친구와 함께 어울리고 싶은 마음이 든다고 말한다.

친구들과의 어울림 속에서 배움이 싹트게 되고, 친구가 있어서 학교에 오고 싶다며 밝게 웃는 아이들의 모습은 서로에게 성장의 밑거름이 되어 주고 있음을 알 수 있다.

S1 : 친구의 마음을 잘 알게 돼요.

S2 : 친구의 생각이 점점 궁금해지기 시작했어요.

S3 : 함께 대화를 나누다 보면 친구의 말에 경청하게 돼요.

S4 : 친구에게 고마운 마음이 생겼어요.

S5 : 공부할 때 친구와 함께 하면 많은 도움이 돼요.

S6 : 혼자 하는 공부보다 훨씬 재미있고 이해가 잘돼요.

S7 : 친구에게 정말 많이 배워요 .

S8 : 내 생각을 자꾸 말하고 싶고 친구 생각도 듣고 싶어요.

S9 : 친구와 함께 하는 공부는 상대방의 입장을 잘 이해하고 배려하게 돼요.

S10: 친구 관계가 정말 좋아졌어요.

S11 : 나도 친구에게 많은 도움을 주고 싶어요.

S12: 친구와 함께 있는 시간이 제일 행복해요.

CHAPTER 02

하브루타 질문 놀이를 통해
어른들도 달라졌을까?

01
질문 놀이를 배우는 어른들

몇 년 전 「0.1%의 비밀」이라는 프로그램이 교육방송에서 방영된 적이 있다. 전국 모의고사 석차가 0.1% 안에 들어가는 약 800명의 학생과 평범한 학생 700여 명을 비교하여 어떤 차이가 있는지를 알아내는 다큐멘터리였다. 이 프로그램에서 조사한 바에 의하면 두 집단은 IQ 수치, 기억력, 부모의 학력, 경제력 등에서 별반 차이가 없었으나 단 한 가지 뚜렷한 차이를 보인 것이 있는데, 바로 메타인지(Meta Cognition) 능력이었다.

메타인지는 J. H. 플라벨(J. H. Flavell)에 의해 처음 사용된 용어로, 자신이 무엇을 알고 모르는지에 대해 아는 것에서부터 자신이 모르는 부분을 보완하기 위한 계획과 그 계획의 실행 과정을 평가하는 것에 이르는 전

반적인 과정을 의미한다. 즉 공부를 잘하는 상위권 학생들은 자신이 아는 것과 모르는 것을 구분하여 모르는 부분에 대해 어떤 방법으로 보완할 것인가를 계획하고 실천하여 피드백까지 하는 효율적인 공부를 한다는 것이다.

성적이 부진한 학생들이 남들보다 오랜 시간 많은 노력을 함에도 불구하고 왜 결과가 미흡한 것인지에 대한 이유를 알게 되었다. 그것은 학생 자신이 무엇을 알고 무엇을 모르는지조차 모른 채 비효율적으로 공부하기 때문인 것이다.

이 프로그램을 시청한 많은 교사와 학부모들은 의문을 갖기 시작했다. 메타인지 능력을 향상시킬 수 있는 공부 방법은 무엇인가? 상위 0.1%의 우수한 학생들은 어떠한 방법으로 공부하고 있을까?

교육에 대해 많은 관심을 가지고 있는 교사들이나 부모들이라면 위의 의문에 대해 해답을 찾는 일은 어렵지 않았을 것이다. 학습 효율성에 대한 연구 결과와 메타인지에 관련된 많은 자료가 인터넷에 공유되어 있고, 기존 방송을 통해 조용히 혼자 공부하는 것보다 대화하고 설명하는 등 떠들면서 공부하는 것이 효과적이라는 사실을 실험을 통해 입증했기 때문이다.

다시 말해 우리가 지금까지 해 왔던 듣기, 책 읽기, 동영상 시청과 같은 주입식 'in put' 방법보다는 질문, 대화, 설명 등의 참여식 'out put' 방법이 훨씬 효과적임을 알 수 있었다. 상위 0.1%의 아이들이 공부하는 방법 또한 함께 어울려 질문하고 설명하는 방법임을 알 수 있었던 것이다.

더 나아가 KBS 글로벌 대기획 「공부하는 인간」에서도 보여 주었듯이 하버드대학교가 뽑은 미국 최고의 필립스 엑시터 아카데미의 전 과목 토론인 하크니스 테이블(Harkness Table), 옥스퍼드대학교의 1:1 튜터링(tutoring) 수업, MIT(매사추세츠공과대학교) 미디어랩과 같은 세계 최고의 명문학교와 우수한 인재들이 모인 곳에서는 암기와 강의식 공부가 아닌 질문하고 토론하는 공부에 오래전부터 주목해 왔다.

하브루타 열풍이 불다

최근 몇 년간 교육계에서는 공부 방법에 대한 변화를 알리는 거대한 폭풍이 불고 있다. '질문이 사라진 교실'에 대한 반성은 '질문이 있는 교실'을 회복하자는 움직임을 통해 질문 문화를 확산시키고 있다. 메타인지가 향상되는 유대인의 전통 학습 방식인 '하브루타'는 언론 보도를 통해 열풍으로 표현될 만큼 파급력이 크다.

여기에서 잠깐 하브루타와 관련된 개인적인 이야기를 통해 하브루타에 대한 관심이 어떻게 변화해 왔는지 생각해 보고자 한다.

평소 토론 방법을 수업에 적용했던 나는 2013년부터 하브루타에 관심을 갖게 되면서 하브루타를 공부하게 되었고 수업에 적용해 왔다. 그때만 해도 교육계에서 하브루타를 아는 사람은 별로 없었고 주변의 교사들도 하브루타라는 단어를 처음 듣는다며 생소해했다.

당시에 하브루타는 일부 교회에서 부모교육 프로그램으로 진행되어 왔고 하브루타협회의 연수를 통해 전해 받는 것이 전부였다. 관련된 책 또한 하브루타에 관심 있는 몇몇 저자의 책들이 전부였다. 그런데 최근 5년 동안 교육에 관심 있는 교사와 부모들이 하브루타에 관심을 가지면서 하브루타에 관련된 연구물과 책들이 쏟아져 나오게 되었다. 나도 그 중 한 사람으로『하브루타 질문 놀이』를 출간하였다.

서울의 유명한 사설 학원들은 수업 방법을 강의 중심에서 학생들이 직접 참여하는 말하기 중심의 하브루타 수업 방법으로 바꾸어 가기 시작했다. 주입 전달식 수업 문화에 빨간 경고등을 켜 왔던 공교육에서도 질문과 대화, 토론 중심의 하브루타가 급속도로 퍼지게 되면서 교사와 학부모들이 하브루타와 같은 소통과 공감 수업을 얼마나 중요하게 생각하는지, 또 얼마나 관심이 많아졌는지 알 수 있었다.

그런데 최근에 강의를 통해 만나는 교사와 학부모들의 모습이 확연히 달라졌다. 그들은 이미 하브루타를 처음 접하는 초보들이 아니라 책과 연수를 통해 꾸준히 공부해 오고 있었으며, 이론적인 앎을 삶으로 연결하여 실천하는 일이 생각만큼 쉽지 않다는 걸 깨달으면서 그 고민을 해결하고 싶어 했다.

하브루타를 아이들에게 적용하면서 실패했던 경험을 바탕으로 출생한 『하브루타 질문 놀이』는 이러한 고민을 해결하기에 많은 도움이 되고 있다는 반응이다. 물론 이 책이 여러 사람의 고민을 다 해결해 줄 수 없고, 많은 부분에서 부족한 면이 있으므로 더 연구하고 보완해 나가야 하는 과제임을 잘 알고 있다. 그럼에도 불구하고 많은 교사와 학부모가 하브루타 질문 놀이를 적용해 본 결과를 후기로 들려주면서 함께 공감해 주고 있어서 큰 힘을 얻고 있다.

다음은 가정에서 하브루타 질문 놀이를 하고 난 후 변화를 체험한 학부모들의 반응이다.

- 질문 놀이를 하면서 가족 간에 대화하는 시간이 늘었어요. (학부모 조○○)
- 하브루타를 어떻게 해야 할지 막막했는데 질문 놀이를 통해 자연스럽게 질문의 중요성도 알게 되고 아이가 질문하는 습관을 갖게 되었어요. (학부모 강○○)
- 하브루타 질문 놀이를 했더니 아이가 생각하는 걸 좋아해요. (학부모 박○○)
- 책을 읽고 질문 놀이를 했더니 아이가 책에 대한 생각을 말한 뒤에 자신의 생각은 소중하다며 스스로 공책에 정리하네요. (학부모 최○○)
- 질문 놀이를 하다 보니 가족 간에 웃음이 많아졌어요. (학부모 이○○)
- 하브루타 질문 놀이를 통해 가족이 더 화목해졌어요. (학부모 김○○)

02
속도보다 방향을 생각하는 어른들

하브루타에 대한 관심이 높아진 만큼 그 의미가 변질되지 않을까, 잘 못 적용되지 않을까 우려하는 사람이 많다. 왜냐하면 일부 사람들이 학교에서의 등수나 점수를 올리는 수단으로 하브루타를 이용하기 때문이다. 또한 하브루타를 하기 위해서는 질문이 있어야 한다며 아이들에게 질문에 대한 사전 준비 시간도 없이 질문을 강요하여 부담을 주거나, 텍스트에 대한 모든 질문을 허용하여 수업 목표와 맞지 않게 수업이 진행되는 문제를 초래하는 경우도 있다. 설명식 수업으로 모두 바꾸어야 한다며 화이트보드를 대량 구매하여 설치하거나, 학생 위주의 활동을 해야 한다며 가르침을 무조건 내려놓고 아이들에게 질문과 설명을 맡긴 채 방관하는 선생님의 모습도 간혹 볼 수 있는데 참으로 답답하다.

더욱이 하브루타 교육을 '천재 교육법', '노벨상 받는 교육'이라고 과대 홍보하고 하브루타로 학습하지 않으면 안 될 것 같은 분위기를 조성하여 학부모들에게 불안감을 갖게 하여 경쟁을 조장하는 모습, 학원 1번가인 ○○동을 중심으로 하브루타에 대한 깊은 이해와 준비 없이 '하브루타' 간판을 내걸고 상업적으로 이용하는 학원들, 교육뿐 아니라 아이들 공부방에 코셔(Kosher) 인증을 받은 향초를 두거나 코셔 인증 비타민 등 건강 기능 식품을 먹여야 한다며 생활용품과 먹거리를 이스라엘식으로 고집하는 엄마들의 모습을 보면 안타까운 마음을 금할 수가 없다.

반면에 하브루타 수업을 잘하고 있는 것인지, 바른 방향으로 가고 있는 것인지, '짝퉁 하브루타'를 하고 있는 것은 아닌지 우려하면서 수시로 자신의 수업을 되돌아보며 자문을 구하는 교사도 많다. 가정에서도 자녀와의 대화에서 좋은 질문을 하기가 어렵고 아이의 말을 잘 들어 주기 위해 상당한 인내가 필요하지만 열심히 하브루타를 실천하는 부모들이 늘고 있다. 많은 사설 학원에서 강의식 수업 방법을 하브루타로 바꾸면서 아이들의 소리를 들어 주고 아이들이 자기 주도적으로 공부할 수 있도록 지원한다는 반가운 소리도 들린다.

이와 같이 학교 성적을 올리기 위한 수단으로서의 하브루타가 아닌 친구와 소통하고 토론하는 즐거운 과정 자체에 목적을 두는 사람이 많다는 것은 참으로 다행스런 일이다. 우리나라 교육 현장에 소통과 협력, 질문과 대화, 토론하는 문화가 뿌리 내리기 위해서는 아직 시간이 더 필요하고 시행착오를 겪을 수밖에 없는 불확실하고 어려운 상황임에도 불구하고 많은 사람이 하브루타를 하겠다며 끝없이 노력하려는 의지를 보이는 것은 고마운 일이다. 하브루타를 공부한 대부분의 교사와 학부모들은 하브루타가 아직은 어렵고 불완전하지만 그 중요성과 필요성을 누구보다 잘 알기에 수업에 적용하고 생활에서 실천하는 일을 멈출 수가 없다고 한다.

따라서 하브루타에 대한 열풍으로 인해 생긴 부작용들도 있겠지만 이러한 문제들이 더 이상 확대되지 않고 바른 방향으로 자리를 잡아 더 이상의 염려는 없을 것이라 생각한다.

- 하브루타는 많이 기다려 주고 많이 경청해 주어야 하지만 이런 기다림과 경청이 자녀 교육에 절실히 필요하다는 걸 깨달았어요. (학부모 조ㅇㅇ)

- 하브루타를 통해 제가 얼마나 권위적이었는지 알게 되었어요. 지난날은 말만 내세우는 고집스런 부모였음을 반성하게 되었어요. 앞으로는 부모의 권위를 내세우기보다 아이들의 소리에 귀 기울여야겠어요. (학부모 이ㅇㅇ)

- 하브루타를 통해 집안 분위기가 대화 모드로 바뀌었어요. 처음엔 가족 간에 질문하고 대화하는 것이 어색했지만 꾸준히 해 나갈 생각입니다. (학부모 윤ㅇㅇ)

- 하브루타를 한 이후부터는 아이에게 잔소리하기보다는 질문을 해서 아이 스스로 문제를 해결하고 있답니다. (학부모 최ㅇㅇ)

- 요즘 많은 부모가 왜 하브루타에 관심을 가지고 가정에서 실천하는지 하브루타를 해 보고 그 이유를 알게 되었고 주변 엄마들한테도 적극 권하고 있어요. (학부모 김ㅇㅇ)

- 하브루타 질문 놀이 수업은 교사로서 힘을 잃었을 때 다시 새 힘을 얻게 해 주었어요. (교사 박ㅇㅇ)

- 교직 경력이 많다 보니 6학년 아이들과 소통하기가 참 어려웠는데 하브루타를 통해 소통하는 문이 열렸어요. 저와 아이들에게 많은 도움이 되고 있어요. (교사 홍ㅇㅇ)

- 하브루타는 꼭 필요하다고 생각해요. 공부는 물론이고 아이들의 생활에 많은 변화가 생기고 있으니까요. (교사 고ㅇㅇ)

- 하브루타를 한 이후부터 하브루타 전도사가 되었네요. 주변 선생님들과 하브루타를 공유하고 함께 실천하면서 교실이 살아났어요. (교사 민ㅇㅇ)

- 이제는 아이들에게 급하게 다그치지 않아요. 대신 아이들이 가야 할 방향을 자꾸 생각하게 되네요. (교사 한ㅇㅇ)

03
질문 문화로 바꾸는 어른들

배움은 '물음표'를 던져 '느낌표'를 얻는 과정이다. 더 나아가 '물음표'를 던져 '느낌표'를 얻는 순간 또 다른 '물음표'가 생기는 인터러뱅(?)의 과정이기도 하다. 배움의 과정에서 호기심과 의문을 통한 '물음표'를 던지지 않으면 '느낌표' 속에서 얻을 수 있는 재미와 기쁨 또한 없다. 아이들이 공부를 지겹고 힘겨운 과정으로 생각하고 있는 가장 큰 이유는 바로 호기심, 의문을 갖지 못해서이다. 배움의 재미, 기쁨을 얻지 못한 채 자신의 궁금증이 아닌 남의 생각만을 억지로 전달받기 때문이다.

지금까지 우리나라 부모들은 어른들 말씀에 끼어들어 질문하는 아이를 버릇없는 아이로 여겨 왔고 꼬치꼬치 질문을 많이 하는 아이에게 '나댄다. 귀찮다. 눈치가 없다.'며 어릴 때부터 아이의 호기심을 자라지 못하게 했다. 이러한 환경에서 자란 아이들은 호기심과 궁금증이 생겨도 질문을 하기보다는 적당히, 눈치껏 알아서 수습하거나 침묵하는 '눈치 문화'를 형성하게 되었다. '눈치 문화'는 호기심이 생겨도 티를 내지 못하고 궁금한 것이 있어도 자신 있게 질문하지 못하는 분위기를 형성했다. 아울러 대화 자체가 쌍방 소통이라기보다는 나이 많은 사람, 지위가 높은 사람이 지시, 명령하는 일방적인 체제가 당연시되었고 나이 적은 사람, 지위가 낮은 사람은 눈치를 보면서 분위기를 맞추어야 했다.

그러나 나이 많은 사람이 적은 사람을 가르치고 지위가 높은 사람이 낮은 사람에게 지시하던 시대는 지났다. 나이, 지위와 상관없이 함께 배우는 세상, 오히려 호기심과 궁금증을 안고 질문을 던지는 사람이 스승이 되는 세상 속에서 호기심을 무시한 주입식 교육, 지시 전달의 '눈치 문화'는 더 이상 버티지 못하고 무너질 수밖에 없다.

호기심을 살리기 위해 질문을 허용할 수 있는 분위기를 형성하고 이를 통해 대화와 토론을 회복하려는 움직임이 사회 각층에 급격히 확산되고 있다. 이에 발맞추어 많은 부모가 자녀의 호기심을 키우고 아이 주도적인 배움을 위해 다양한 매체를 활용하여 질문을 만들게 하고 대화를 시도하는 것은 당연한 일이라고 생각한다. 그러나 이러한 노력은 자칫하면 자녀에게 또 하나의 부담을 줄 수 있고 외적인 동기유발에 의한 일시적인 변화에 그칠 우려가 있다.

따라서 텍스트를 가지고 재미있게 놀다 보면 호기심으로 인한 내적인 동기유발이 습관화되고 질문과 대화를 통해 생각의 근육을 키울 수 있는 질문 놀이의 꾸준한 실천이 중요하다. 변화의 물결을 주도하는 많은 사람이 질문을 놀이처럼 즐기는 모습을 통해 질문 놀이가 문화로서 자리 잡아 가고 있음은 매우 다행이라 생각한다.

하브루타 질문 놀이가 가정에서는 가족 간에 대화를 살아나게 하고, 학교에서는 호기심과 궁금증을 통한 탐구의 경험들과 협력적인 관계를 통해 아이의 인성을 다듬는 중요한 역할을 하고 있다. 소통과 협력의 질문 문화를 만들어 가는 중요한 매개체로서의 하브루타 질문 놀이를 각계각처에서 더 많이 연구하고, 실천 사례들을 나누고 있어서 기쁜 마음과 더불어 더 열심히 해야겠다는 다짐을 한다.

04
4차 산업혁명과
하브루타 질문 놀이

2017년 7월에 열린 국제수학올림피아드에서 우리나라 고등학생 6명이 전원 금메달을 획득하면서 세계 종합 1위의 쾌거를 거둔 바 있다. 전세계 11개국, 615명이 참가한 대회에서 미국·러시아·중국 등 수학강국을 물리치고 세계 1위를 차지한 것은 참으로 대단한 성과라고 볼 수 있다. 이뿐만 아니라 국제물리올림피아드에서도 우리나라 대표단 5명 전원이 금메달을 수상하면서 2년 연속 세계 1위를 차지했다. 이렇듯 우리나라는 국제과학올림피아드에서 35번이나 종합 1위를 기록하는 등 우수한 성적을 거두고 있다.

그런데 이와 같은 결과와 달리 캐나다 토론토대학 마틴경제발전연구소가 발표하는 글로벌 창의성지수에서는 우리나라가 140개국 중 관용지수 70위를 포함해 평균 31위에 불과하며, 우리나라 과학기술정책연구원(STEPI) 연구 결과에 의하면 창의성 수준이 OECD 15개국 중 11위라고 한다. 취학 전부터 시작하는 학습지 공부, 학교와 학원을 돌면서 선행학습, 문제풀이에 올인하는 한국의 교육 환경은 국제과학올림피아드에서는 우수한 성적을 거두지만 창의성 높은 선구자를 만드는 데는 한계가 있다는 결론이다.

이에 세계적으로 진정한 과학기술 강국이 되기 위해서는 문제풀이, 정답 맞히기에 그치지 않고 학습자가 직접 문제를 만들고 해답을 찾아가는 과정에 대한 연구와 실천이 필요하다는 데 뜻을 모으게 된 것은 매우 반가운 소식이 아닐 수 없다.

4차 산업혁명 시대에서의 교육의 화두는 앞에서 소개한 바 있는 게임적 사고와 기법을 도입하여 공부를 게임처럼 재미있게 즐기며 몰입할 수 있는 하브루타 질문 놀이와 같은 게이미피케이션과 컴퓨팅 사고력(Computational Thinking)이라 할 수 있다. 컴퓨팅 사고력은 컴퓨터가 문제를 해결하는 방식처럼 복잡한 문제를 단순화하고 이를 논리적, 효율적으로 해결하는 능력을 말한다.

어떤 문제점이 생겼을 때 그 문제를 잘게 쪼개고 분석하고 패턴을 읽은 후 문제를 해결하기 위해 구조화하는 과정을 코딩을 통해 배울 수 있다. 그런데 외국의 코딩 교육은 그 과정 속에서 학생들의 문제 해결력, 창의력, 논리적 사고력을 함양시키기 위해 노력하는 반면 우리나라의 코딩 교육은 주입식, 스킬 위주의 사용법을 익히는 데 그치는 경향이 있다. 따라서 제대로 된 컴퓨팅 사고력을 키워 주기 위해서 질문으로 소통하는 하브루타를 통해 코딩 교육을 해야 한다는 목소리가 나오고 있다.

공존의 시대에 함께 살아가려면

4차 산업혁명 시대는 공존의 시대다. 인공지능과 사람이 공존하고, 어른과 아이가 배움의 과정에서 공존하고, 질문과 토론의 고전적인 교육 방법과 최첨단의 혁신적인 기술 방법이 공존한다. 따라서 학교에서의 교사와 학생 간의 대화, 친구들 간의 대화, 가정에서의 부모와 자녀 간의 원만한 대화는 공존의 시대를 함께 살아가는 방법이다. 다양한 대화를 통해 4차 산업혁명의 중요한 자원인 빅 데이터를 생성할 가능성도 높다.

「파이낸셜타임스」(2017. 8. 7.)에서 '왜 페이스북은 우리에게 기본 소득을 지급해야 하는가?'라는 질문을 던졌다. 이에 대한 해답도 아울러 발표했는데 데이터는 21세기의 새로운 석유이며, 석유가 알래스카에 한 일과 같은 역할을 데이터가 하고 있고, 페이스북 같은 플랫폼 기업이 부자가 되는 이유는 우리가 그들에게 데이터를 주는 것에 대한 보상을 받지 않기 때문이라고 한다. 우리의 모든 질문과 대화 활동이 중요한 데이터라는 점을 감안하여 데이터 제공에 대한 보상으로서의 기본 소득을 생각해야 한다는 것이다.

이렇듯 4차 산업혁명은 창조적인 데이터가 생명이며, 데이터를 생성할 수 있는 사람들의 창조적인 생각과 협력적인 대화가 매우 중요하다.

결국 창조적인 생각과 협력적인 대화는 하브루타와 같은 방법을 통해 가능하다는 결론을 얻게 된다.

하브루타 질문 놀이의 적용은 이미 현실이 되어 버린 4차 산업혁명 시대에 알맞은 교육 방법이며, 데이터라는 중요한 자원을 생성해 내는 창구라 할 수 있다. 인공지능을 만들기 위한 수많은 데이터는 뛰어난 어떤한 사람의 생각이 아니라 평범한 다수 사람의 생각과 경험이 중요한 자료이므로 서로 질문하고 대화하며 토론을 즐기는 과정 속에서 데이터들이 쏟아져 나올 가능성이 높기 때문이다. 다행히 이미 각자의 위치와 여건에서 미래를 예측만 한 것이 아니라 준비하고 있는 셈이 되었다. 준비된 교사, 학부모들에게 4차 산업혁명은 불안한 미래가 아니라 현재 진행형이며 그 역할을 위해 최선의 노력을 쏟고 있다.

하브루타 질문 놀이는 4차 산업혁명의 인공지능을 이기기 위한 교육 방법이 아니다. 인공지능이 할 수 없는 즉흥적으로 떠오르는 질문 능력, 데이터만으로는 해결할 수 없는 공감하고 소통하는 능력, 즉 신이 주신 인간만의 능력, 본성을 회복하여 더불어 살아가는 세상을 만들고 싶은 소망에서 시작된 것이다. 앞으로도 그 뜻이 함께 하는 모든 사람의 마음 속에서 꽃 피울 것으로 기대한다.

CHAPTER 03

게이미피케이션 적용을 통한
하브루타 질문 놀이

01
궁금증이 저절로 생기는
하브루타 질문 놀이

 몇 년 전 하브루타를 수업에 처음 적용할 때 궁금한 것이 하나도 없다며 질문을 만들지 못하는 아이들의 반응에 매우 당혹스러웠다. 그러나 하브루타 수업을 하기 위해 의도적으로 질문을 만들게 하고 억지로라도 질문을 쥐어짜게 하였다. 아이들은 지금껏 질문을 만들어 본 경험이 없으므로 질문을 만들지 못하는 것이 당연하다고 생각했고, 질문을 만들다 보면 차츰 궁금증이 생길 거라고 믿었다.

 하브루타에 대한 나의 열정이 배움을 위한 하브루타가 아닌 하브루타를 하기 위해 수업을 하는 모양새가 되었다. 질문을 억지로 만드는 일은 아이들에게 엄청난 부담이었고 그 모습을 지켜보는 나 또한 불편한 마음이었기에 계속 질문을 만들게 할 수가 없었다. 그때 비로소 깨닫고 알게 된 것이 궁금증이 없어도 가능한 우리 교육의 현실이었고 궁금해하지 않는 학생, 가르침에 그대로 순응하는 학생이 우수한 성적을 받는 아이러니한 교육 속에서 내가 배워 왔고 가르치고 있다는 것이었다.

아이들이 질문을 할 줄 모른다는 사실은 씁쓰레한 미소만 짓고 그냥 넘어가면 되는 단순한 문제가 아니다. 공부를 하면서 '궁금한 것이 없다.', '호기심이 없다.'는 사실은 공부를 구경꾼의 입장에서 바라본다는 것이고, 흥미와 관심을 못 느낀다는 것은 공부 자체를 지겹고 힘겨운 과정으로 생각하며 '억지로 하고 있다.'는 결론이 나오기 때문이다.

우리 아이들에게 궁금증이 자연스럽게 생기고 호기심이 발동하여 자신도 모르게 질문이 불쑥불쑥 나왔으면 좋겠다. 억지로 쥐어짜는 질문, 힘겹게 만들어 낸 질문으로 공부한다면 공부에 대한 부담만 키우고 오히려 역효과가 날 뿐이다. 그래서 고민을 거듭하다 만들어 낸 것이 바로 '질문으로 바꿔 읽기', '질문 노래 부르기', '질문 릴레이'다.

이 활동을 해 보면 아이들은 물론이고 어른들도 무척 신기해하고 놀랍게 여긴다. 아이들은 질문 놀이가 예전부터 있어 온 하나의 질문 방법이라 생각하는 듯 금세 받아들이는 데 반해, 어른들은 수십 년 동안 살면서 질문 놀이가 있다는 걸 처음 알았기 때문에 신선하게 느낀다.

질문으로 바꿔 읽기

'시각 장애인을 위한 박물관'(6학년 사회과)이라는 글에서 원래의 서술형 문장을 '왜'를 넣은 의문형 문장으로 바꾸어 한 줄씩 읽어 보자.

박물관은 시각 장애인이 가까이하기 어려운 장소이다.

왜 박물관은 시각 장애인이 가까이하기 어려운 **장소입니까?**

박물관에는 다채로운 문화유산들과 신기한 볼거리들이 많지만 시각 장애인은 전시물을 볼 수 없기 때문이다.

왜 박물관에는 다채로운 문화유산들과 신기한 볼거리들이 많지만 시각 장애인은 전시물을 볼 수 없기 **때문입니까?**

그런데 최근 시각 장애인을 위한 전시가 열리기 시작하였다.

왜 그런데 최근 시각 장애인을 위한 전시가 열리기 **시작하였습니까?**

이 전시는 실물과 거의 똑같은 모형을 시각 장애인이 직접 만지면서 체험할 수 있도록 하였다.

왜 이 전시는 실물과 거의 똑같은 모형을 시각 장애인이 직접 만지면서 체험할 수 있도록 **하였습니까?**

시각 장애인은 안내를 듣거나 점자로 된 해설을 읽으면서 박물관 체험을 할 수 있게 되었다.

왜 시각 장애인은 안내를 듣거나 점자로 된 해설을 읽으면서 박물관 체험을 할 수 있게 **되었습니까?**

그동안 박물관을 관람하고 싶어도 할 수 없었던 시각 장애인에게도 박물관에서 소중한 문화유산을 직접 느낄 수 있는 기회가 생긴 것이다.

왜 그동안 박물관을 관람하고 싶어도 할 수 없었던 시각 장애인에게도 박물관에서 소중한 문화유산을 직접 느낄 수 있는 기회가 생긴 **것입니까?**

의문형 문장만을 모아 보자. 의문형 문장 자체가 질문이 되어서 아이들은 글을 읽으며 궁금해한다. 그리고 이미 답을 생각하면서 글을 읽게 되고 문장 속에 답이 있음도 발견하게 된다. 의문형 질문을 읽고 해답을 찾으면서 자연스럽게 시각 장애인의 고충을 느끼고 시각 장애인의 인권을 생각하게 된다.

왜 박물관은 시각 장애인이 가까이하기 어려운 **장소입니까?**

왜 박물관에는 다채로운 문화유산들과 신기한 볼거리들이 많지만 시각 장애인은 전시물을 볼 수 없기 **때문입니까?**

왜 그런데 최근 시각 장애인을 위한 전시가 열리기 **시작하였습니까?**

왜 이 전시는 실물과 거의 똑같은 모형을 시각 장애인이 직접 만지면서 체험할 수 있도록 **하였습니까?**

왜 시각 장애인은 안내를 듣거나 점자로 된 해설을 읽으면서 박물관 체험을 할 수 있게 **되었습니까?**

왜 그동안 박물관을 관람하고 싶어도 할 수 없었던 시각 장애인에게도 박물관에서 소중한 문화유산을 직접 느낄 수 있는 기회가 생긴 **것입니까?**

짝과 질문으로 읽으며 생각 말하기

'계절에 따라 보이는 별자리가 달라지는 까닭은 무엇일까요?'(6학년 과학과)라는 글의 서술형 문장을 짝과 함께 역할을 정해 의문형 문장으로 바꾸어 읽으며 자신이 알고 있는 내용이나 생각을 주고받아 보자.

(부모와 역할을 정해 학습해 보면 함께 배우며 대화할 수 있는 유익한 시간이 될 수 있다. 약 30분 정도의 분량)

방법은 다음과 같다.

- 처음 글을 읽을 때는 짝과 함께 서술형 문장으로 한 번 읽는다.

밤하늘을 보면 수많은 별을 볼 수 **있습니다.**

옛날 사람들은 밝은 별을 중심으로 하여 여러 개의 별을 연결하여 여러 모양의 별자리를 **만들었습니다.**

그리고 별자리에 재미있는 이야기를 붙이기도 **하였습니다.**

사자자리는 대표적인 봄철 **별자리입니다.**

사자자리처럼 계절에 따라 잘 보이는 대표적인 별자리가 **있습니다.**

사계절에 따라 보이는 별자리가 달라지는 까닭에 대해 **알아봅시다.**

- 의문형 문장으로 읽으면서 질문을 만든다.

　밤하늘을 보면 수많은 별을 볼 수 **있습니까?**

　옛날 사람들은 밝은 별을 중심으로 하여 여러 개의 별을 연결하여 여러 모양의 별자리를 **만들었습니까?**

　그리고 별자리에 재미있는 이야기를 붙이기도 **하였습니까?**

　사자자리는 대표적인 봄철 **별자리입니까?**

　사자자리처럼 계절에 따라 잘 보이는 대표적인 별자리가 **있습니까?**

　사계절에 따라 보이는 별자리가 달라지는 까닭에 대해 **알아보았습니까?**

- 질문에 대한 답을 함께 공부(인터넷이나 스마트폰으로 검색하기, 관련 책 찾기 등)한 후 정리할 때 질문자와 대답자의 역할을 교차로 하게 하면 내용을 이해하는 것은 물론 관련된 지식과 생각을 폭넓게 나누면서 재미있고 주도적으로 학습할 수 있다.

　(S1이 읽는다)　　밤하늘을 보면 수많은 별을 볼 수 **있습니까?**

　(S2가 대답한다)　네. 그런데 시골에서는 별이 잘 보이는데 도시에서는 많은 불빛 때문에 수많은 별을 보기가 어렵습니다.

　(S1이 읽는다)　　옛날 사람들은 밝은 별을 중심으로 하여 여러 개의 별을 연결하여 여러 모양의 별자리를 **만들었습니까?**

　(S2가 대답한다)　하늘의 별을 무리 지어 신화에 나오는 동물이나 인물 등의 이름을 붙여 놓은 것을 별자리라고 합니다. 사람들이 별자리를 만들어 사용하는 까닭은 밤하늘의 별을 쉽게 찾고, 별의 위치를

쉽게 기억하기 위해서입니다.

(S1이 읽는다) 그리고 별자리에 재미있는 이야기를 붙이기도 **하였습니까?**

(S2가 대답한다) 별자리마다 재미있는 이야기가 전해지고 있는데 그중에 한 가지를 예로 들자면 여름철의 거문고자리는 그리스 신화에 나오는 최고의 시인이자 음악가인 오르페우스가 사랑하던 아내를 잃고 슬픔으로 방황하다 죽었을 때, 그의 음악에 감동한 제우스가 이 하프를 하늘에 올려 별자리로 만들었다는 유래를 지니고 있습니다.

(S1이 읽는다) 사자자리는 대표적인 봄철 **별자리입니까?**

(S2가 대답한다) 봄철 대표적인 별자리에는 사자자리, 처녀자리, 목자자리, 왕관자리가 있습니다. 사자자리는 게자리와 처녀자리 사이에 위치합니다.

(S1이 읽는다) 사사사리처럼 계절에 따라 잘 보이는 대표적인 별자리가 **있습니까?**

(S2가 대답한다) 봄, 여름, 가을, 겨울에 잘 보이는 별자리는 각각 다릅니다. 계절에 따라 잘 보이는 별자리를 그 계절의 대표적인 별자리라고 합니다. 여름철 별자리는 백조자리, 거문고자리, 가을철 별자리는 안드로메다자리, 물고기자리, 페가수스자리가 있고 겨울철 별자리는 쌍둥이자리, 오리온자리가 대표적입니다.

(S1이 읽는다)	사계절에 따라 보이는 별자리가 달라지는 까닭에 대해 **알아보 았습니까?**
(S2가 대답한다)	여러 날 동안 같은 시각에 밤하늘을 보면 별자리의 위치가 조금씩 달라지는 것을 알 수 있습니다. 지구가 태양 주위를 공전하면서 지구의 위치가 이동하기 때문에 지구에서 보이는 별자리의 위치가 날마다 조금씩 달라지고 계절에 따라 보이는 별자리가 달라집니다.

- 질문자와 대답자의 역할을 바꾸어서 질문하고 대답한다.

'서로 배우고 존중하는 문화'(3학년 사회과 4단원)의 교과서 텍스트를 짝과 함께 역할을 정해 의문형 문장으로 바꾸어 읽으며 자신이 알고 있는 내용이나 생각을 주고받아 보자.

- 처음 글을 읽을 때는 짝과 함께 서술형 문장으로 한 번 읽는다.

나라마다 문화가 다르듯이 인사 예절도 **다릅니다.**

친구와 함께 나라마다 다른 인사 예절을 **배워 봅시다.**

그리고 어떤 생각이 들었는지 **이야기하여 봅시다.**

다른 나라의 문화를 올바르게 이해하려면 문화의 차이를 인정하고 **존중해야 합니다.**

- 의문형 문장으로 읽으면서 질문을 만든다.

  나라마다 문화가 다르듯이 인사 예절도 **다를까?**

  친구와 함께 나라마다 다른 인사 예절을 **배워 볼까?**

  그리고 어떤 생각이 들었는지 **이야기하여 볼까?**

  다른 나라의 문화를 올바르게 이해하려면 문화의 차이를 인정하고 **존중해야 할 까?**

- 질문에 대한 해답을 함께 공부(인터넷이나 스마트폰으로 검색하기, 관련 책 찾기 등)한 후 정리할 때 질문자와 대답자의 역할을 교차로 하게 하면 내용을 이해하는 것은 물론 관련된 지식과 생각을 폭넓게 나누면서 짝과 함께 재미있게 공부할 수 있다.

(S1이 읽는다)　　　　나라마다 문화가 다르듯이 인사 예절도 **다를까?**

(S2가 대답한다)　　　나라마다 문화가 다르다는 것을 지난 시간에 배웠잖아. 예를 들어 인도나 네팔은 반드시 오른손으로 음식을 먹거나 악수를 해. 그러나 브라질에서는 절대로 맨손으로 음식을 먹어선 안 돼. 중국은 여러 사람이 돌아가며 음식을 집기 때문에 젓가락이 길고, 우리나라는 국물을 먹기 때문에 젓가락과 함께 숟가락을 사용해. 일본은 끝이 뾰족한 젓가락을 사용하고 밥을 먹을 때는 밥그릇을 손에 들고 먹어. 이처럼 문화가 다르듯이 인사 예절도 다를 것이라 생각해.

(S1이 읽는다)	나라마다 다른 인사 예절을 **배워 볼까?**
(S2가 대답한다)	미국인은 '헬로!'라고 말하면서 손을 힘 있게 쥐고 흔들어. 프랑스인은 서로 껴안으며 '봉주르'라고 인사해. 에스키모인은 반갑다는 뜻으로 '부텐니'라고 하면서 서로의 뺨을 친대. 인도인은 서로 마주보고 합장하며 '나마스떼'라고 말해. 일본은 우리와 같이 손을 마주잡고 허리 숙여 인사해.

(S1이 읽는다)	어떤 생각이 들었는지 **이야기하여 볼까?**
(S2가 대답한다)	나라마다 인사할 때 행동과 말이 모두 달라서 신기하고 재미있었어. 어떤 나라를 여행하려면 미리 그 나라의 인사 예절을 알고 가면 좋겠다는 생각을 했어. 그래야 금방 친해질 수도 있고 그 나라 사람들도 좋아할 것 같아서야.

(S1이 읽는다)	다른 나라의 문화를 올바르게 이해하려면 문화의 차이를 인정하고 **존중해야 할까?**
(S2가 대답한다)	서로 다른 문화의 차이를 인정하고 존중해야 한다고 생각해. 지난 시간에 배운 것처럼 어떤 문화가 좋고 어떤 문화가 나쁘다고 생각하는 것은 문화적인 편견이잖아. 문화적 편견은 어느 한쪽의 문화만 옳다고 생각하는 것으로 바람직하지 않다고 생각해. 앞으로 세계 여러 나라 사람과 잘 어울려 지내려면 각자의 문화를 인정하고 존중하는 마음이 꼭 필요하다고 생각해.

-질문자와 대답자의 역할을 바꾸어서 질문하고 대답한다.

질문으로 바꿔 읽기 후 대화하는 아이들

질문 노래 부르기

하브루타 수업에 적용해 본 여러 가지 질문 놀이 중 가장 신나고 재미있어 하는 놀이 중 하나가 바로 질문 노래 부르기다. 질문 노래 부르기는 아이들뿐만 아니라 어른들도 적용하면서 지금껏 몇십 년을 살아 왔으면서도 노랫말에 대해 한 번도 궁금해하지 않았던 것이 이상할 정도라고 말한다. 노랫말에 대해 질문을 하며 노래를 부르니까 궁금증에 질문이 와르르 쏟아지는 경험을 가졌다고 한다.

『하브루타 질문 놀이』에서 소개되었던 윤석중 작사, 홍난파 작곡의 '퐁당 퐁당' 노래에 대한 질문을 모아 보았다. 어른들은 생각하기 어려운 아이들의 질문에 놀라움을 금할 수 없다.

〈퐁당 퐁당〉

퐁당퐁당 돌을 **던질까**

누나 몰래 돌을 **던질까**

냇물아 퍼질까 널리널리 **퍼질까**

건너편에 앉아서 나물을 씻는

우리 누나 손등을 간질여 **줄~까**

1. 왜 냇물에 돌을 던질까?

2. 왜 누나 몰래 돌을 던질까?

3. 돌을 던지면 퐁당퐁당 소리가 날까?

4. 돌을 던지면 어느 정도로 빨리 가라앉을까?

5. 냇물은 어떤 모양으로 퍼질까?

6. 건너편은 어디를 말하는가?

7. 어떤 나물을 씻는 걸까?

8. 나물은 냉이일까? 도라지일까? 달래일까?

9. 나물은 직접 누나가 들에서 뜯은 것일까?

10. 나물로 무슨 반찬을 해 먹을 수 있을까?

11. 냇물은 누나 손등을 간질여 주었을까?

12. 나물을 씻는 누나는 무슨 생각을 하고 있을까?

13. 동생은 어디에서 누나를 보고 있을까?

14. 동생은 누나와 평소에 사이가 좋았을까?

15. 동생은 심심해서 물수제비를 뜨고 싶은 걸까?

16. 동생은 누나에게 장난을 걸고 싶은 걸까?

17. 동생은 결국 돌을 던졌을까?

18. 윤석중 선생님의 어릴 때 이야기일까?

19. 윤석중 선생님은 왜 이 노랫말을 썼을까?

20. 질문 노래를 부르면 윤석중 선생님은 뭐라 하실까?

위의 20번에 해당하는 질문에 대해 아이들의 대화 내용이다.

질문 : 질문 노래를 부르면 윤석중 선생님은 뭐라 하실까?

대답 : 좋아하실 것 같아.

질문 : 왜 좋아하실까?

대답 : 자신이 만든 노래에 대해 관심을 갖고 질문을 하니까.

질문 : 관심을 갖는 것은 좋은데 노랫말을 바꾸어서 싫어하지 않으실까?

대답 : 내 생각에는 오히려 친절하게 질문에 대해 자세히 답을 해 주실 것 같아. 이
노래는 아주 오래전에 나온 노래인데도 잊지 않고 물어봐 주니까 고마울 것
같아.

질문 : 선생님이 살아 계시다면 무슨 질문을 하고 싶니?

대답 : 선생님의 어릴 때 이야기인지, 왜 이 노래를 만들었는지 여쭈어 보고 싶어.

질문 : 왜 그게 궁금하지?

대답 : 내 생각엔 윤석중 선생님이 누나를 무척 보고 싶어서 그리워하는 사연이 있
을 것 같고 그 사연이 듣고 싶기 때문이야.

다음은 12월이면 여기저기서 들을 수 있는 크리스마스 캐롤송으로 유명한 '울면 안 돼'의 질문 노래 부르기와 질문을 통한 대화 내용이다.

〈울면 안 돼〉

울면 안 돼 울면 안 돼

산타할아버지는 우는 아이에겐

선물을 안 주신대

산타할아버지는 알고 계신대

누가 착한 앤지 나쁜 앤지

오늘 밤에 다녀가신대

잠 잘 때나 일어날 때

짜증날 때 장난할 때도

산타할아버지는

모든 것을 알고 계신대

울면 안 돼 울면 안 돼

산타할아버지는 우리 마을을

오늘 밤에 다녀가신대

오늘 밤에 다녀가신대

〈울면 안 돼〉

울면 안 돼 울면 안 돼

산타할아버지는 우는 아이에겐

선물을 안 **주실까요?**

산타할아버지는 알고 **계실까?**

누가 착한 **앨까?** 나쁜 **앨까?**

오늘 밤에 **다녀가실까?**

잠 잘 때나 일어날 때

짜증날 때 장난할 때도

산타할아버지는

모든 것을 알고 **계실까?**

울면 안 돼 울면 안 돼

산타할아버지는 우리 마을을

오늘 밤에 **다녀가실까?**

오늘 밤에 **다녀가실까?**

1. 우는 아이에게 산타할아버지는 왜 선물을 안 주실까?

2. 착한 아이는 어떤 아이일까?

3. 나쁜 아이는 어떤 아이일까?

4. 정말 산타 할아버지는 모든 것을 알고 계실까?

5. 산타 할아버지는 어디에서 살까?

6. 산타 할아버지는 선물을 어떻게 구했을까?

7. 산타 할아버지에게 받고 싶은 선물이 있다면 무엇인가?

8. 오늘 밤에 산타 할아버지가 오시면 나는 선물을 받을까 못 받을까?

9. 선물을 받으면 어떤 기분일까?

10. 선물을 못 받으면 얼마나 속상할까?

11. 산타 할아버지는 어떻게 우리 집을 아실까?

12. 아파트 모양이 비슷해서 산타 할아버지는 헷갈리지 않을까?

13. 산타 할아버지는 왜 밤에만 오실까?

14. 만약에 산타 할아버지를 만난다면 하고 싶은 말은 무엇이니?

15. 산타 할아버지는 왜 아이들에게만 선물을 주실까? 어른들에게는 왜 선물을 안 주실까?

16. 어른들에게도 선물을 주시면 착한 어른이 많아질까?

17. 선물을 못 받은 어른들은 자녀들 앞에서 창피하게 생각할까?

18. 선물을 못 받은 가족들은 어떤 마음이 들까?

19. 산타 할아버지에게 선물을 받아 본 경험이 있니?

20. 이 노랫말을 쓴 사람은 어떤 생각을 하였을까?

질문 : 산타 할아버지가 오늘 밤에 오시면 너는 선물을 받을 것 같니?

대답 : 아니, 못 받을 것 같아.

질문 : 왜 그렇게 생각하니?

대답 : 요즘 엄마를 속상하게 했거든. 아마도 산타 할아버지가 보시면 나쁜 애라고 생각하실 거야.

질문 : 엄마를 어떤 일로 속상하게 했니?

대답 : 늦게 일어나는 습관 때문에 아침마다 깨우는 엄마에게 짜증을 냈거든.

질문 : 지금이라도 고칠 생각은 있니?

대답 : 응. 일찍 일어나는 것이 어렵기는 하지만 엄마한테 짜증은 안 부릴 거야.

질문 : 어른들에게도 선물을 주시면 착한 어른이 많아질까?

대답 : 아마도 많아지겠지. 그런데 선물이 아주 커야 할 것 같아.

질문 : 왜 선물이 커야 할까?

대답 : 어른들은 장난감이나 인형보다는 어른한테 맞는 선물을 더 좋아할 테니까.

질문 : 그럼 어떤 선물을 좋아할 것 같니?

대답 : 집이나 차 아니면 돈을 좋아할 것 같아.

질문 : 그럼 산타 할아버지가 아주 큰 부자여야 하지 않을까?

대답 : 맞아 산타 할아버지는 아주 큰 부자여야 하고 힘도 세어야 하고 머리도 아주 좋아야 해.

질문 : 왜 힘이 세고 머리도 좋아야 하지?

대답 : 어른들 선물은 너무 크니까 들기 힘들잖아. 그리고 선물을 줄 착한 어른, 착한 아이를 다 기억하려면 아주 똑똑해야 할 것 같아.

'꿈을 키우며'(5학년 음악과 1단원) 단원을 여는 노래에서 질문 노래 부르기에 대한 질문과 대화 내용이다.

〈새싹들이다〉

좌승원 작사/작곡

마음을 열어 하늘을 보라 넓고 높고 푸른 하늘
가슴을 펴고 소리쳐 보자 우리들은 새싹들이다
푸른 꿈이 자란다 곱고 고운 꿈

두리둥실 떠간다 구름이 되어

너른 벌판을 달려 나가자 씩씩하게 나가자

어깨를 걸고 함께 나가자 발 맞춰 나가자

〈새싹들이다〉

좌승원 작사/작곡

마음을 열어 하늘을 **볼까?** 넓고 높고 푸른 하늘

가슴을 펴고 **소리쳐 볼까?** 우리들은 **새싹들일까?**

푸른 꿈이 **자랄까?** 곱고 고운 꿈

두리둥실 **떠갈까?** 구름이 되어

너른 벌판을 달려 **나갈까?** 씩씩하게 **나갈까?**

어깨를 걸고 함께 **나갈까?** 발 맞춰 **나갈까?**

1. 마음을 여는데 왜 하늘을 봐야 할까?

2. 하늘을 보면 어떤 생각이 들까?

3. 흐린 하늘도 있는데 왜 푸른 하늘이라고 했을까?

4. 하늘을 본 것은 아침일까?

5. 왜 아침에 하늘을 보라고 했을까?

6. 가슴을 펴고 뭐라고 소리칠까?

7. 소리치고 나면 어떤 기분일까?

8. 우리들은 누구를 말하는 것일까?

9. 몇 살까지 새싹이라 표현하면 좋을까?

10. 나는 새싹일까?

11. 꿈을 왜 푸른색이라고 했을까?

12. 꿈이 자랄까?

13. 자란다는 것은 무슨 뜻일까?

14. 왜 꿈이 곱다고 표현했을까?

15. 꿈이 구름이 되어 떠간다는 것은 무슨 뜻일까?

16. 꿈이 왜 구름이 된다고 했을까?

17. 벌판을 달리면 어떤 기분일까?

18. 왜 씩씩하게 나가야 할까?

19. 누구와 어깨를 걸고 함께 나갈까?

20. 발 맞춰 나가면 불편하지 않을까?

21. 꿈을 이루기 위해서는 꼭 함께 해야 할까?

22. 이 노래가 만들어진 배경은 무엇일까?

23. 이 노래를 듣고 난 느낌은 어떤가?

24. 노래를 듣거나 부르고 나면 어떤 생각이 드나?

25. 우리에게 전하고 싶은 생각은 무엇일까?

S1 : 몇 살까지 새싹이라 표현하면 좋을까?

S2 : 나는 초등학교 6학년 때까지 새싹이라 하면 좋을 것 같아.

S1 : 왜 그렇게 생각하니?

S2 : 왜냐하면 사람의 나이를 나무에 비하면 새싹은 초등학교 6학년까지가 적당

한 것 같아.

S1 : 그럼 중학생은 무엇이라고 표현하면 좋을까?

S2 : 어린 나무 또는 아기 나무라고 하고 싶어.

S1 : 내 생각엔 새싹은 아주 어린 것 같은 느낌이야 그래서 초등학교 6학년은 안
   어울리는 것 같아.

S2 : 그럼 너는 몇 살로 하고 싶니?

S1 : 유치원이나 초등학교 1학년 정도가 어울린다고 생각해.

S2 : 그럼 우리들은 새싹이 아니라고 생각하는 거구나.

S1 : 맞아. 우리들은 어린 나무에 속하는 것 같아.

S2 : 그런데 이 노래에는 '우리들은 새싹들이다'라고 했는데?

S1 : 그래서 이상해. 그냥 '우리들은 새싹들이다'라고 불렀을 때는 한 번도 이상하
   게 생각하지 않았는데 '우리들은 새싹들일까?'라고 불러 보니 '이 노래가 우
   리 나이와 어울릴까?' 하는 궁금증이 생겨.

S2 : 정말 그렇구나. 새싹은 이제 막 세상에 나온 어린잎인데 우리는 새싹보다는
   좀 더 자랐다고 생각하는데….

S1 : 그래서 새싹은 나이보다는 아직 이루지 못한 꿈에 비교한 것은 아닐까?

S2 : 아, 맞다. 정확한 나이보다는 이제 막 세상에 나온 새싹처럼 우리들의 꿈도 더
   키워야 한다는 말이지?

S1 : 그래. 그런데 꿈을 어떻게 키워야 할까?
   (한 가지 질문으로 처음 시작했는데 대화를 이어 가다 보면 다른 질문과도 연
   결됨을 알 수 있음)

질문 릴레이

　질문 릴레이 활동을 하고 나면 대부분의 아이가 질문의 수에 놀란다. 평소 수십 개의 질문을 생각해 본 적도 없고 만들어 본 적도 없기 때문에 질문을 계속해서 만들어 내는 자신들을 신기해한다. 한 단어, 한 문장으로 수십 개 이상의 질문을 만들고 나면 질문 만들기에 자신감이 생겨서 '궁금한 것이 없다.', '질문이 없다.', '질문 만들기가 어렵다.' 등의 말을 하지 않는다. 교과서나 동화책의 내용에 대해 질문 릴레이를 하면 아이들은 책에 나오는 한 단어, 한 문장으로도 많은 질문을 만든다. 그러다 보니 교과서나 동화책 같은 긴 글 속에는 무수히 많은 질문이 숨겨져 있다는 사실을 알게 된다.

　그런데 아이들에게 질문을 만들 주제 단어나 문장을 제시하고 각자 개별적으로 질문을 만들라고 하니 좋아하는 아이보다 재미없어 하는 아이가 더 많았다. 그래서 질문 릴레이 놀이를 짝 놀이, 그룹 놀이로 했더니 아이들은 '또 한 번 해요.', '다시 해요.'라고 조르며 신나고 재미있어 했다. 친구와 어울려서 적절한 선의의 경쟁을 하는 질문 놀이는 흥미와 함께 주도적으로 배움을 일으키며 질문하는 습관을 기를 수 있다.

주제 단어 '실학'(6학년 1학기 사회과)과 관련된 짝 질문 릴레이 예시
- 주제 단어 '실학'과 관련해서 짝과 함께 교차로 질문을 한다.
- 겹치는 질문을 하거나 질문을 더 이상 할 수 없으면 멈춘다.

S1 : 실학은 무엇인가?

S2 : 실학은 왜 생겼을까?

S1 : 실학은 어느 시대에 있던 학문인가?

S2 : 실학자에는 누가 있을까?

S1 : 실학자들의 주장은 무엇인가?

S2 : 실학자가 쓴 책은 어떤 책이 있을까?

S1 : 실학이 우리나라에 미친 영향은 무엇인가?

S2 : 실학자들이 연구한 내용은 무엇인가?

S1 : 실학은 어느 학문을 왜 비판하였는가?

S2 : 실학은 어느 분야에서 발전했는가?

S1 : 실학은…?

S2 : 와, 내가 이겼다.

- 주제 단어 '실학'과 관련해서 짝과 함께 질문 릴레이를 한 다음에는 만들었던 질문에 대해 대답까지 같이 하는 릴레이 방법이다.
- 질문과 대답을 번갈아 하면서 질문과 대답을 끝까지 잘해야 승자가 된다.
- 자신이 했던 질문만이 아니라 짝이 했던 질문을 해도 괜찮다.

S1 : 실학은 무엇이니?

S2 : 실생활에 도움이 되는 실용적인 학문이야.

S1 : 실학은 왜 생겼을까?

S2 : 조선 후기에 정치가 어지러워지자 가난한 백성들의 생활은 더욱 어려워졌어.

유학자들은 실생활과 아무런 상관이 없는 이론을 가지고 서로 다투었어. 이때 어떤 학자들은 당시의 학문이 백성들의 삶에 도움이 되지 않는다고 비판하면서 실제로 백성들이 잘살 수 있고, 나라의 힘을 기르기 위해 필요한 것을 생각하고 연구하기 위해서 생겼어.

S1 : 실학자에는 누가 있니?

S2 : 정약용, 김정호, 홍대용, 박지원 등이 있어.

S1 : 실학자가 쓴 책은 어떤 책이 있어?

S2 : 정약용은 지방의 관리가 지켜야 할 내용을 썼는데 그것이 『목민심서』야. 박지원은 『열하일기』를 써서 청나라의 새로운 문물을 소개했어. 그리고 김정호는 유명한 「대동여지도」를 만들었지.

S1 : 실학이 우리나라에 미친 영향은 무엇이니?

S2 : …

S1 : 와, 이번엔 내가 승자!

　　(대답자가 말을 하지 못했을 때 질문자가 알고 있으면 알려 주고 둘 다 모르면 같이 학습해서 답을 찾아 알아감)

주제 단어 '한옥'(3학년 2학기 사회과)과 관련된 그룹 질문 릴레이 예시
- 평소에 관심 있는 화제나 궁금한 내용에 대해 주제 단어를 정한다.
- 주제 단어 '한옥'과 관련해서 그룹(모둠원, 가족)이 함께 돌아가면서 질문을 한다.
- 질문 만들기를 돌아가면서 하고 겹치는 질문을 하거나 못하면 패자가 된다. 패자가 나오면 다시 처음부터 질문 릴레이를 하거나, 패자는 제

외하고 남은 사람끼리 승자가 나올 때까지 한다.

- 가정에서는 정해진 주제 단어를 가지고 가족 구성원이 돌아가면서 질문 릴레이를 하면 질문하는 습관을 기르고 함께 대화하며 배우는 가정이 될 수 있다.

누나 : 한옥은 무엇인가요?

나　 : 한옥은 왜 건강에 좋은가요?

아빠 : 한옥은 무엇으로 만드나요?

엄마 : 우리나라에 지금까지 남아 있는 한옥마을은 어디인가요?

누나 : 한옥의 불편한 점은 무엇인가요?

나　 : 왜 요즘은 한옥이 없어졌나요?

아빠 : 한옥은 문화재인가요?

엄마 : 만약 자신이 한옥으로 집을 짓는다면 어떻게 짓고 싶은가요?

누나 : 동물을 키울 땐 한옥이 좋을까요?

나　 : 한옥의 종류에는 어떤 것이 있나요?

아빠 : …

나　 : 와, 아빠가 졌어요.

- 주제 단어 '한옥'과 관련해서 그룹(모둠원, 가족)이 함께 질문 릴레이를 한 다음에는 만들었던 질문에 대해 대답까지 같이 해 보자.
- 처음 질문자가 질문하면 시계방향으로 돌아가면서 다음 사람이 대답을 하고 대답을 마친 다음에는 질문을 한다.

- 자신이 했던 질문만으로 하는 것이 아니라 다른 구성원이 했던 질문을
  해도 괜찮다.

나　: 한옥은 무엇인가요?

누나: 한옥은 옛날 집을 말합니다.

누나: 한옥은 왜 건강에 좋은가요?

아빠: 친환경재료를 사용했기 때문에 건강에 좋습니다.

아빠: 한옥은 무엇으로 만드나요?

엄마: 자연에서 얻을 수 있는 나무, 짚, 흙, 한지로 만듭니다.

엄마: 한옥은 문화재인가요?

나　: 으음…(생각하다가) 문화재인 것 같아요.

누나: 문화재인지 아닌지 정확히 말해주세요.

나　: 문화재입니다.

나　: 우리나라에 지금까지 남아 있는 한옥마을은 어디인가요?

누나: 전주 한옥마을이 있습니다.

누나: 한옥의 종류에는 어떤 것이 있나요?

아빠: 기와집, 초가집, 너와집이 있습니다.

아빠: 너와집은 무엇으로 만든 집인가요?

엄마: …

나　: 와, 이번엔 엄마가 졌어요.

아빠: 너와집이 무슨 집인지 인터넷에서 찾아보고 말해 줄래?

누나, 나 : (인터넷 검색어로 너와집을 쳐서 학습한 후)

나   : 소나무로 만든 집이라고 해요.

누나 : 주로 강원도에서 지은 집이라는데 한 번도 본 적이 없어서 직접 보고 싶어요.

아빠 : 그럼 다음 여행은 강원도 너와집을 보러 가면 어떨까?

누나, 나 : 좋아요. 전주 한옥마을도 가 보고 싶어요.

한 문장(첫 문장)으로 짝 질문 릴레이하기

한 개의 문장, 특히 글의 첫 문장으로 질문 릴레이를 하면 뒷내용을 궁금해하면서 어떤 내용일까 상상을 하게 만든다. 질문을 통해 내적 동기를 유발하고 글의 내용에 대해 관심과 흥미가 고조된다. 아울러 자신들이 만든 질문에 대한 해답을 찾기 위해 집중해서 읽게 된다.

텍스트의 첫 문장으로 질문 만들기를 한 후 글을 읽고 짝과 해답을 찾아가는 질문 릴레이 과정이다.

방법은 다음과 같다.

- 첫 문장을 읽고 짝과 함께 질문 릴레이를 한다.
- 질문 릴레이의 질문을 보여 주고 그 중에 더 궁금하거나 알고 싶은 질문을 각자가 골라 글을 읽은 후 질문에 대답까지 함께 하는 질문 릴레이를 이어 간다.
- 질문에 대답을 못하는 경우에는 아는 사람이 알려 주고 둘 다 모르면 함께 학습하여 해답을 찾아 알아 간다.
- 첫 문장으로 질문 릴레이에서 만든 질문을 가지고 글을 읽은 후 질문에 대해 답변하는 과정을 거치면 글에 대한 내용 이해가 빠르고 직접 말로

설명을 하므로 오랫동안 기억할 수 있는 학습 효과가 있다. 아울러 혼자 하는 공부는 지루하고 답답한데 함께 질문과 대답을 하면서 공부를 하니까 공부의 재미를 느낄 수 있다.

- 질문과 대답까지 이어 가는 릴레이를 마치고 나면 짝에게 "덕분에 많이 배웠어."라는 말과 함께 "고맙다."는 인사를 한다.

첫 문장 예시

오랜 옛날부터 사람들은 새처럼 하늘을 나는 꿈을 꾸었다.('하늘을 나는 꿈' 중)

1. 오랜 옛날은 언제부터인가?
2. 사람들은 왜 하늘을 날고 싶어 했을까?
3. 사람들이 꿈을 꾸고 하늘을 나는 시도를 했을까?
4. 새처럼 날개를 붙여서 날아오른 사람도 있었을까?
5. 사람들이 하늘을 날기 위해 어떤 도전을 했을까?
6. 옛날에 하늘을 나는 것을 시도한 사람들은 왜 실패했을까?
7. 하늘을 나는 것에 실패한 사람들은 어떤 기분이었을까?
8. 실패하지 않으려면 어떤 노력을 해야 할까?
9. 하늘을 나는 것에 실패한 사람들을 보고 주변 사람들의 반응은 어땠을까?
10. 옛날 사람들은 어떤 기구를 사용해서 날았을까?
11. 최초로 새처럼 날아오르는 꿈을 실현한 사람은 누구일까?

12. 최초로 하늘을 날아오른 사람은 어떤 기구를 사용했을까?

13. 최초로 하늘을 날아오른 사람은 얼마나 노력했을까?

14. 최초로 하늘을 날아오른 사람의 기분은 어땠을까?

15. 하늘에 날아오른 사람을 보고 주변 사람들의 반응은 어땠을까?

16. 하늘을 나는 기구는 어떻게 발전되어 왔을까?

17. 미래에는 하늘을 나는 꿈이 어떻게 실현될까?

18. 하늘을 날고 싶다는 생각을 해 본 적이 있었나?

19. 만약 날개가 달려서 하늘을 날 수 있다면 어디를 제일 먼저 가 보고 싶은가? 그 이유는 무엇인가?

20. 하늘을 나는 꿈과 관련된 책은 어떤 것이 있는가?

S1 : 오랜 옛날이라 하면 언제를 말할까?

S2 : 그리스 신화에 나오는 다이달로스와 이카로스 이야기에는 하늘을 날고 싶어 하는 사람들의 꿈이 잘 나타나 있는데 그 사람들은 직접 날개를 몸에 붙이고 높은 곳에서 뛰어내렸대. 물론 다 실패했지만.

S1 : 사람들은 왜 하늘을 날고 싶어 했을까?

S2 : 새처럼 훨훨 날아서 어디든지 자신이 원하는 곳을 가고 싶기 때문이겠지.

S1 : 사람들은 하늘을 날기 위해 어떤 도전을 했을까?

S2 : 레오나르도 다빈치는 최초로 날기에 대해 과학적으로 연구하여 날기 기계를 설계했으나 실패했고, 독일의 릴리엔탈을 비롯해서 많은 사람이 바람의 힘을 이용한 글라이더를 만들었고, 열기구와 비행선으로 도전한 사람도 있었어.

S1 : 그런데 왜 이 사람들은 하늘을 나는 것에 실패했을까?

S2 : 오랜 시간 날 수 없고 속도 또한 엄청 느렸어. 그리고 마음대로 방향을 바꿀 수도 없고 매우 위험했겠지.

S1 : 최초로 새처럼 날아오르는 꿈을 실현한 사람은 누구일까?

S2 : 미국의 라이트 형제가 플라이어 1호를 타고 유인 동력 비행에 성공했어.

S1 : 라이트 형제가 성공한 유인 동력 비행을 구체적으로 말해 줄래?

S2 : …

S1 : 유인 동력 비행은 사람이 비행기에 타고 엔진의 힘을 이용해 하늘을 나는 것을 말해. 비행기가 비행선과 다른 점은 바로 공기보다 가벼운 기체를 사용하지 않고 양력을 이용하여 날아올랐다는 거야.

S2 : 그럼 하늘을 나는 기구는 어떻게 발전되어 왔을까?

S1 : 과학자들은 비행기의 엔진과 날개를 계속 발전시켜서 제트 기관을 발명하고 현재 우리가 타고 다니는 초대형 여객기를 만들었고 대형 제트 수송기가 등장했어.

S1 : 미래에는 하늘을 나는 꿈이 어떻게 실현될까?

S2 : 아마도 멀지 않아 개인용 비행기구가 개발되고 많은 사람이 우주여행을 할 수 있겠지.

S1 : 우주여행을 하면 정말 좋겠다. 빨리 하고 싶지 않니?

S2 : 맞아. 너무 기대돼.

한 문장(중심 문장)으로 그룹 질문 릴레이하기

한 개의 문장, 특히 글의 중심 문장으로 질문 릴레이를 하면 글의 전체 내용에 대한 이해 및 중요한 내용을 정리하며 자신의 생각을 말하는 효과를 얻을 수 있다.

'꽃보다 아름다운 사람'(5학년 도덕과 1단원)에 나오는 텍스트의 중심 문장으로 질문 만들기를 한 후 그룹이 함께 대화하는 과정이다.
방법은 다음과 같다.

-텍스트를 읽고 중심 문장을 정한다.
-중심 문장을 가지고 그룹(4~6명) 구성원 각자 질문을 3~5개씩(개수는 상황에 따라 자유롭게 정함) 생각해서 적는다.
-시작 신호와 함께 질문 한 개씩 말하기 릴레이를 시작한다.

중심 문장 예시

아름다운 사람이란 외면적, 내면적, 도덕적 삶의 아름다움을 갖춘 사람입니다.

1. 외면적 아름다움의 기준은 무엇인가?
2. 외면적 아름다움에만 신경 쓰면 어떤 일이 생길까?
3. 외모에 신경을 많이 쓰는 것은 나쁜 걸까?
4. 외모가 아름다워지기 위해 성형 수술을 하는 것은 좋은 걸까?
5. 외면적 아름다움 하면 떠오르는 사람은 누구인가?
6. 내면적 아름다움 하면 떠오르는 사람은 누구인가?
7. 내면적 아름다움을 가지려면 어떤 노력을 해야 할까?

8. 내면적 아름다움이 겉으로 드러나는 경우는 어떤 경우인가?

9. 도덕적 삶의 아름다움 하면 떠오르는 사람은 누구인가?

10. 기부를 잘하는 사람은 도덕적 삶의 아름다움을 가진 사람이라고 할 수 있나?

11. 도덕적 삶의 아름다움을 가지려면 어떤 노력이 필요할까?

12. 초등학생이 지킬 수 있는 도덕적 삶의 아름다움은 어떤 모습인가?

13. 도덕적인 삶의 아름다움을 가진 사람과 관련된 사례는 무엇인가?

14. 도덕적인 삶의 아름다움을 가진 사람을 보면 어떤 느낌이 드나?

15. 세 가지 아름다움을 모두 갖춘 사람이 있을까?

16. 세 가지 아름다움 중 어떤 아름다운 사람이 가장 많을까?

17. 아름다운 사람과 관련된 단어는 무엇인가?

18. 세 가지 아름다움 중 자신은 어떤 아름다움을 가진 사람이라고 생각하나?

19. 세 가지 아름다움 중 자신이 가질 수 있는 아름다움을 한 가지만 선택하라면 어떤 아름다움을 선택할 것인가?

20. 자신은 아름다운 사람이 되기 위해 어떤 노력을 하고 있나?

- '가위 바위 보'를 하여 이긴 사람이 질문자가 된다.

- 질문자가 자신이 만든 질문 중 한 가지를 질문한다.

- 질문에 대해 나머지 구성원들이 돌아가며 자신의 생각을 말한다.

- 질문에 대해 자신의 생각을 말하기 어려운 경우에는 '패스'를 하고 다음 사람이 말한다.

- 구성원들이 대답을 할 때 질문자는 재질문을 할 수 있으며 재질문을 받은 사람은 대답을 한다.
- 하나의 질문에 대해 모두 생각을 말했으면 다시 질문자를 정해 다른 질문을 이어 간다.
- 자신의 질문 5개를 모두 사용했으면 승자가 되며, 생각 말하기에서 '패스'를 세 번 하게 되면 패한다.
- 질문 릴레이를 마치고 나면 그룹 구성원에게 "덕분에 많이 배웠어."라는 말과 함께 "고맙다."는 인사를 한다.

(가위바위보에서 S1이 이겨 질문자가 됨)

S1 : 외모가 아름다워지기 위해 성형 수술을 하는 것은 좋은 걸까?

S2 : 좋다고 생각해. 왜냐하면 자신이 마음에 들지 않는 부분을 고쳐서 만족해하고 남들이 보기에도 좋다면 오히려 성형 수술을 안 하고 사는 것보다 낫다고 생각하기 때문이야.

S3 : 나도 좋다고 생각해. 성형 수술은 외모가 아름다워지기 위한 노력이기 때문이야.

S1 : (S3에게) 성형 수술이 왜 외모가 아름다워지기 위한 노력이라고 생각해?

S3 : 성형 수술을 하려면 예뻐지기 위해 고통을 참아야 하기 때문이야.

S1 : 그럼 성형 수술비가 아직까지는 비싼 편이라 돈 있는 사람은 할 수 있지만 돈 없는 사람은 하기 어려운데 돈 없는 사람은 아름다워지기 위해 노력하고 싶어도 못하는 것에 대해 어떻게 생각해?

S3 : 그건… '패스'.

S4 : 나는 좋지 않다고 생각해. 왜냐하면 성형 수술은 자연적인 아름다움이 아니고 부작용이 크기 때문이야.

S1 : (S4에게) 성형 수술을 해서 예뻐진 사람은 아름답지 않다는 거니?

S4 : 응. 그건 아름다움이 아니라고 생각해. 예쁘다는 것과 아름다움은 다르다고 생각해.

S1 : 어떻게 다르다고 생각하니?

S4 : 성형 수술을 해서 콧대가 높아진 연예인은 예쁘기는 하지만 자연적으로 콧대가 높은 사람과는 달라. 인형은 예쁘지만 아름답다고 생각하지 않잖아.

(가위바위보에서 S4가 이겨 질문자가 됨)

S4 : 세 가지 아름다움 중 자신이 가질 수 있는 아름다움을 한 가지만 선택하라면 어떤 아름다움을 선택할 거니?

S1 : 나는 도덕적 삶의 아름다움을 택하고 싶어. 나의 꿈인 간호사가 되려면 아픈 사람을 돕고 나의 도움이 필요한 사람들을 사랑해야 하기 때문이야.

S2 : 나는 아이돌처럼 잘생겼으면 좋겠어. 그래서 외면적 아름다움을 선택할 거야. 이다음에 아이돌 가수가 되어 멋진 모습으로 텔레비전에 나오고 싶어.

S3 : 나는 내면적 아름다움을 선택할 거야. 지금은 책도 많이 읽고 다양한 경험을 많이 하고 싶기 때문이야.

S4 : (S3에게) 내면이 아름다운 사람이 결국 도덕적 삶의 아름다움도 가지게 되지 않을까?

S3 : 아니, 그렇지 않다고 생각해. 남을 잘 돕고 배려하는 도덕적 삶의 아름다움을 가진 사람은 내면이 아름다울 수 있지만, 반대로 교양이나 경험이 풍부하다

고 남을 잘 돕는 것은 아니라고 생각해.

(가위바위보에서 S4가 이겨 질문자가 됨)

S4 : 세 가지 아름다움 중 어떤 아름다운 사람이 가장 많을까?

S1 : 외면이 아름다운 사람이 가장 많을 것 같아. 내면적 아름다움과 도덕적 삶의 아름다움을 가지려면 많은 경험과 노력이 필요하기 때문이야.

S2 : 나도 외면적 아름다움이 많을 거라고 생각해. 세상의 아기들은 내면적 아름다움이나 도덕적 삶의 아름다움이라고 볼 수 없기 때문이야.

S4 : (S2에게) 그럼 내면적 아름다움과 도덕적 삶의 아름다움을 갖추려면 몇 살부터 가능하다고 생각해?

S2 : 유치원부터 가능하다고 생각해. 유치원생은 남을 도와주는 아이도 있으니까.

S4 : 그럼 유치원 교육부터 중요하다는 거니? 유치원 가기 전의 아기도 생각이 있을 텐데…. 그래서 '세살 버릇 여든까지 간다.'고 하잖아?

S2 : 아, 세 살도 가능하겠구나. 몇 살부터라고 기준을 정하기는 어렵네. '패스'(패스 2번임).

S3 : 나는 내면적 아름다운 사람이 가장 많다고 생각해. 외모를 바꾸기는 어렵지만 마음을 바꾸는 것은 자신의 노력에 의해 얼마든지 바꿀 수 있기 때문이야.

(가위바위보에서 S2가 이겨 질문자가 됨)

S2 : 세 가지 아름다움을 모두 갖춘 사람이 있을까?

S3 : 당연히 있겠지. 옛날 위인들 중에서도 세 가지 아름다움을 모두 갖춘 사람이 많을 거라 생각해. 그런데 내면적 아름다움과 도덕적 삶의 아름다움을 강조

해서 외모가 아름다웠는지는 잘 모르는 경우가 많을 거야.

S4 : 요즘은 인터넷을 통해 얼굴까지 다 볼 수 있으니까 외모가 아름다웠는지 확인할 수가 있어. 영화배우 오드리 햅번은 세 가지 아름다움에 모두 속한 사람이라고 할 수 있잖아.

S1 : 위인이 아니더라도 우리 주변에 많다고 생각해. 우리 엄마는 얼굴도 아름답고 마음씨도 고우며 매주 장애우를 돕는 시설에서 봉사활동을 하시니까 세 가지 아름다움을 가지고 있는 거잖아.

S3 : 그래. 그렇게 말하니까 우리 주변엔 알려지지 않아서 그렇지 많은 사람이 세 가지 아름다움을 가지고 있는 것 같아.

(가위바위보에서 S4가 이겨 질문자가 됨)

S4 : 너희들은 아름다운 사람이 되기 위해 어떤 노력을 하고 있니?

S1 : 나는 군것질을 안 하고 패스트푸드를 안 먹으려고 노력하는데 이건 외면적인 아름다움에 대한 노력이라고 생각해. 내면적인 아름다움을 위해서는 음악을 좋아해서 1주일에 3일은 클래식 같은 음악을 듣고 있어.

S2 : 나는 태권도와 축구를 자주 하고 있는데 운동이 외면적 아름다움을 위한 노력이라는 것을 이제 알았어. 앞으로도 더 열심히 해야겠다고 생각했어.

S3 : 나는 책을 꾸준히 읽고 일기를 쓰면서 하루 생활을 되돌아보고 있는데 이것이 내면적 아름다움을 위한 노력이라고 생각해. 그리고 학교에서 청소를 잘하는 일, 급식을 배식하는 일이 도덕적 삶의 아름다움을 위한 노력이라는 것도 알았어.

S4 : 와우, 난 내가 만든 질문을 모두 했어.

S1 : 오늘은 영미가 잘했다.

S4 : 얘들아, 덕분에 잘 배웠어. 고마워.

S1, S2, S3 : 우리도 즐겁게 잘 배웠어. 고마워.

질문 릴레이를 하며 생각을 나누는 아이들

02
생각의 근육을 키우는
하브루타 질문 놀이

    우리는 어릴 때부터 '생각하라.', '생각해야 답을 알 수 있다.', '생각하지 않으면 배울 수 없다.'라는 말을 많이 들어 왔다. 그래서 생각하지 않으면 존재하지 않을 것 같은 위기 속에서 늘상 무엇인가를 생각해 왔다. 우리의 교육 과정 속에는 생각해야 할 내용은 수없이 많지만 어떻게 깊고 다양하게 생각해야 하는지 그 방법은 직접적으로 나와 있지 않다.

    재미있고도 유익하게 잘 생각하는 방법을 배운 적이 없기 때문에 생각은 언제나 복잡하고 귀찮은 것으로 여겨져서 생각이 밑바탕이 되는 '배움, 공부' 역시 복잡하고 귀찮게 여겨 온 것은 아닐까? 그러나 생각한다는 것은 마음먹기에 따라 굉장히 재미있고 신나는 일이며 기쁨을 우리에게 선물해 준다는 사실을 체험을 통해 알 수 있다.

지금부터 재미있는 하브루타 질문 놀이 속에서 저절로 생각이 깊어지고 다양해졌던 방법을 소개하고자 한다.

질문 속담 놀이

여러 가지 질문 놀이 중 아이, 부모, 교사 모두한테 인기가 높은 놀이는 속담을 적용한 게이미피케이션이 아닐까 싶다. 요즘 아이들은 속담은 옛 날 것이라 여기고 시대에 뒤떨어진다는 생각에 관심이 없다. 부모들이나 교사들도 몇십 년 전 학교 다닐 때 의무적으로 외운 속담 정도나 기억할 뿐 관심 밖이다. 그런데 질문 속담 놀이를 한 번 하고 나면 속담을 대하는 태도가 달라지고 속담에 대한 궁금증, 속담에 대해 다양하고 깊은 생각 이 끝없이 생긴다고 말한다.

질문 속담 놀이를 하는 이유는 속담을 무조건 외우거나 그 뜻을 알기 위해서가 아니다. 속담 놀이를 하면서 '그 속담이 왜 생겼는가? 어떠한 상황에서 그 속담을 사용하는가? 지금 시대엔 왜 어울리지 않는가? 요즘 시대에 맞게 어떻게 바꿀 수 있는가?'를 생각하고 배운다는 데 의의가 있다.

『논어』「위정(爲政)」편에 나오는 온고지신(溫故知新)이라는 말이 있다. 공자는 스승의 자격에 대해 '옛 것을 익히고 새로운 것을 알면 스승이 될 수 있다.(溫故而知新, 可以爲師矣)'고 했는데, 옛 속담에 대해 질문하고 재 해석하면서 새롭게 알아가는 과정 속에서 앎이 일어나고 과거 전통과 역사에 관심을 가지는 계기가 됨을 알 수 있다.

다음과 같은 질문 속담 놀이를 보면 나이와 상관없이 질문을 잘하는 사람이 스승이라는 말이 실감 난다.

아이 엠 그라운드 질문 속담 하기

동생: 가는 날이 장날일까?

나　: 다 된 죽에 코 풀까?

엄마: 도랑 치고 가재 잡을까?

아빠: 어물전 망신은 꼴뚜기가 시킬까?

동생: 엎드려 절 받기일까?

나　: 찬물도 위아래가 있을까?

엄마: 열 손가락 깨물어 안 아픈 손가락 있을까?

아빠: 송충이는 솔잎을 먹어야 살까?

동생: 빛 좋은 개살구일까?

나　: …

동생: 와, 누나가 졌다.

동생: 아빠, '어물전 망신은 꼴뚜기가 시킬까?'라는 속담은 무슨 뜻이에요?

아빠: '어물전 망신은 꼴뚜기가 시킨다.'는 속담을 들어 본 적은 있니?

나　: 네. 들어는 봤어요. 그리고 『꼴뚜기』라는 책이 있는데 아직 못 읽어 봤어요.

아빠: 그래. 그럼 어물전이 무슨 뜻일까? 힌트는 물건을 파는 가게인데 무엇을 파는 가게일까?

동생 : 아, 알았다. 물고기 파는 가게!

엄마 : 왜 물고기 파는 가게라고 생각했지?

동생 : 어물전이니까 고기 어(魚) 자 같아요.

아빠 : 와, 정말 잘 생각했구나. 물고기 파는 가게니까 요즘은 무엇이라고 부를까?

나 : 수산물 시장!

아빠 : 그래, 그럼 수산물 시장에서 망신을 시키는 것이 꼴뚜기라는데 꼴뚜기는 어
떻게 생겼을까?

동생 : 망신을 시키니까 못생겼을 것 같아요.

아빠 : 꼴뚜기는 생김새가 볼품없어서 예로부터 별 볼일 없고 가치가 낮은 것에 비
유하여 썼단다.

나 : 아, 그럼 못생긴 꼴뚜기가 어물전을 망신시킨다는 뜻으로 말썽꾸러기 한 명
이 여러 사람을 망신시킬 때 쓰는 속담이군요.

엄마 : 비슷한 속담이 있는데 무엇일까?

나 : '미꾸라지 한 마리가 웅덩이를 흐려 놓는다.'는 속담이랑 비슷해요.

아빠 : 그래. 또 있지. '과일 망신은 모과가 시킨다.'

엄마 : 모과는 생김새는 울퉁불퉁 생겼지만 향기는 정말 좋은데….

나 : 모과와 꼴뚜기, 그리고 미꾸라지가 억울하게 생각할 것 같아요. 그렇지만 이
렇게 비유하니까 이해는 잘돼요.

아빠 : 어떤 면에서 이해가 잘된다는 거니?

나 : 상황이요. 어떠한 상황, 분위기를 설명하기 어려울 때 속담을 말하면 자세히
상황을 설명하지 않아도 금방 이해가 돼요.

동생 : 저는 우리 집에서 장난꾸러기인데 설마 꼴뚜기는 아니죠? (가족 모두 웃음)

아이엠그라운드 질문 속담 하기

S1 : 시작이 반일까?

S2 : 앓던 이 빠진 것 같을까?

S3 : 세 살 버릇 여든까지 갈까?

S4 : 소문 난 잔치에 먹을 게 없을까?

S1 : 미운 아이 떡 하나 더 줄까?

S2 : 바늘 가는 데 실 갈까?

S3 : 젊어서 고생은 사서도 할까?

S4 : 발 없는 말이 천 리 갈까?

S1 : 개천에서 용 날까?

S2 : ? (S2 패)

질문 속담 놀이에 이어서 시대에 맞지 않는 속담과, 속담을 바꾸어야 한다는 아이들의 대화가 이어진다.

S2 : 요즘 시대와 맞지 않는 속담이 많은 것 같아.

S3 : 맞아. 발 없는 말이 천 리 간다는데 요즘은 인터넷으로 너무 빨리 가잖아.

S1 : 그럼 속담을 바꾸어 보면 어떨까?

S4 : '발 없는 말이 만 리 간다.', '발 없는 말이 억 리 간다.'

S2 : '발 없는 말이 너무 빨리 가서 탈이다.' 요즘은 너무 빠른 소식 때문에 힘든 사람도 생겨나고 그것 때문에 문제가 생기잖아.

S4 : '개천에서 용 난다.' 속담도 요즘과는 안 맞아.

S3 : 그래 개천에서 용 나기는 정말 힘들 것 같아. 요즘은 흙수저로 태어나면 흙수 저로 살고 금수저로 태어나면 금수저로 산다는 말도 있잖아.

S4 : '개천에서 미꾸라지 난다.'라고 해야 할 것 같아.

S1 : 그건 너무 슬프다. 그럼 가난한 사람은 평생 가난하게 살라는 거야?

S2 : 가난한 사람도 희망이 있어야 해. 그래야 공부할 이유가 있잖아.

S1 : 맞아. 아무리 어려운 환경이라 해도 열심히 노력해서 성공하는 사람도 있으 니까 그 속담은 바꾸지 말고 그냥 두는 것이 좋을 듯해.

S3, S4 : 오케이. (웃음)

아이 엠 그라운드 질문 속담 하기

T : **기역(ㄱ)으로** 시작하는 질문 속담 하기

S1 : 가랑비에 옷 젖는 줄 모를까?

S2 : 가재는 게 편일까?

S3 : 가지 많은 나무 바람 잘 날 없을까?

S4 : 개똥도 약에 쓰려면 없을까?

S1 : 고양이 쥐 생각할까?

S2 : 까마귀 날자 배 떨어질까?

S3 : 꿩 먹고 알 먹을까?

S4 : 금강산도 식후경일까?

S1 : 길고 짧은 것은 대어 보아야 알까?

S2 : 까마귀 날자 배 떨어질까?

S3 : ?

기역(ㄱ) 자로 시작하는 질문 속담 놀이에 이어서 시대에 맞지 않아 없어질 수 있는 속담에 대한 대화가 이어진다.

S4 : '가지 많은 나무 바람 잘 날 없다.'는 속담은 앞으로는 없어질 것 같아.

S2 : 왜 그렇게 생각해?

S4 : 요즘은 아이를 한두 명밖에 안 낳잖아. 아예 안 낳는 사람도 있고….

S3 : 아, 맞다. 아이가 많아서 걱정하지는 않을 것 같아.

S1 : 그럴 수도 있겠네. 그럼 앞으로 없어질 것 같은 속담이 또 있을까?

S3 : 간에 기별도 안 간다?

S1 : 왜 그렇게 생각해?

S3 : 요즘은 먹을 게 너무 많잖아. 기별도 안 갈 만큼 못 먹지는 않을 것 같아.

S1 : 모든 사람이 모든 음식을 다 많이 먹는 것은 아니잖아. 음식 값이 너무 비싸서 조금밖에 못 먹은 사람은 이렇게 말할 수 있을 것 같아.

S2 : 낫 놓고 기역 자도 모른다?

S3 : 왜 그렇게 생각해?

S2 : 옛날엔 글자를 모르는 사람이 많았지만 요즘은 글자를 모르는 사람이 거의 없잖아.

S3 : 아, 맞아 그럴 수도 있겠다. 무식한 사람을 말할 때 쓰는 것인데 요즘은 컴퓨터가 있어서 무식한 사람도 별로 없는 것 같아.

질문 속담 놀이로 신나게 대화하는 아이들

질문 꼬리잡기

사람들은 남에게 자신의 생각을 전달하는 데 어려움을 느끼고 남의 얘기를 자세히 경청하는 것도 쉽지 않다고 말한다. 이는 어릴 때부터 가정에서나 학교에서 자신의 생각을 충분히 말할 수 있는 기회가 많지 않았고, 자신의 생각을 깊이 있게 들어 주는 사람 또한 없었기 때문이다. 특히 질문과 대답이 이루어지는 상황에서도 질문에 짧게 대답하고 질문자는 더 이상 궁금해하거나 재질문 없이 스스로 판단하거나 눈치껏 이해하고 형식적인 대화를 종료한다.

질문 꼬리잡기는 상대에게 끝없이 재질문을 하여 깊이 있고 다양한 생각을 만들어 낸다. 질문 꼬리잡기를 접해 본 많은 아이와 어른들은 질문 꼬리잡기 놀이는 생각을 많이 하게 만들어 대화를 좀 더 깊이 있고 진지하게 할 수 있다고 한다.

오랜만에 만난 친구 간에 인사하는 상황을 예로 들어 보자.

친구1 : ○○야, 반갑다. 그동안 잘 지냈니?

친구2 : 응. 잘 지냈어. 그런데 좀 바빴어.

친구1 : 그래. 많이 바빠서 힘들었겠구나.

친구2 : 응.

(형식적인 안부만 건네고 재질문 없이 상황 종료)

위와 똑같은 상황에 대한 질문 꼬리잡기 인사 방법을 소개하고자 한다. 질문 꼬리잡기 인사는 형식적으로 안부를 주고받는 것보다 질문을 통해 상대에 대한 관심을 표현하고 서로의 마음을 열어 훨씬 친근감 있는 관계를 형성할 수 있는 인사 방법이다.

친구1 : ○○야, 반갑다. 그동안 잘 지냈니?

친구2 : 응. 잘 지냈어. 그런데 좀 바빴어.

친구1 : 무슨 일로 그렇게 바빴니? (질문 꼬리잡기 1회)

친구2 : 이사를 했어.

친구1 : 이사를 했다니 많이 힘들있을 텐데 몸은 괜찮니? (질문 꼬리잡기 2회)

친구2 : 괜찮아. 오히려 이사한 곳이 공원 근처라서 자주 운동할 수 있어.

친구1 : 운동을 자주 할 수 있어서 좋겠구나. 어느 공원 근처니? (질문 꼬리잡기 3회)

친구2 : 호수공원 근처야.

친구1 : 아, 그래. 한 번 놀러가도 괜찮을까? (질문 꼬리잡기 4회)

친구2 : 당연하지. 시간 내서 꼭 오렴.

친구1 : 고마워. 그럼 연락할게. (웃음)

다음은 5학년 아이들이 질문 꼬리잡기를 통해 '감기'와 '독감'의 정확한 의미를 알아 가는 과정이다.(5학년 국어과 4단원 참고)

아이들은 궁금증을 풀려고 대화를 시작했는데 오히려 궁금증이 생긴다며 하브루타 질문 놀이가 '질문으로 시작해서 질문으로 끝난다.'는 의미를 알았다고 말했다.

질문: ㅇㅇ야, 며칠 동안 학교에 못 나오더니 감기가 심했니?

대답: 아니, 독감이었대.

질문: 감기에 심하게 걸린 것이 독감 아냐? (질문 꼬리잡기 1회)

대답: 감기와 독감은 같은 병이 아니야.

질문: 어, 그래? 증상이 약하면 감기, 심하면 독감 아냐? (질문 꼬리잡기 2회)

대답: 그렇지 않아. 감기와 독감은 확연하게 차이가 난대.

질문: 그래? 어떻게 차이가 나는데? (질문 꼬리잡기 3회)

대답: 감기와 독감은 원인 균이 다르대. 감기의 원인은 '리노바이러스'와 '코로나바이러스' 등 200여 가지의 다양한 바이러스가 있는데 독감은 '인플루엔자바이러스'에 의해서만 발생하는 것이래.

질문: 그럼 나타나는 증상도 다르니? (질문 꼬리잡기 4회)

대답: 응. 감기는 코 안, 후두, 기관지 등에 급성 염증을 일시적으로 일으키기 때문에 회복이 빠른데 독감은 며칠 잠복기를 거친 뒤에 38℃ 이상의 갑작스러운 고열과 두통, 근육통을 일으켜 더욱 힘이 들어.

질문 : 감기와 독감에 걸리지 않기 위한 예방법은 무엇이니? (질문 꼬리잡기 5회)

대답 : 독감은 보통 12월 정도에 전염성이 강하기 때문에 유행하기 두 달 전쯤 예방 접종을 하는 것이 중요해. 그런데 감기는 바이러스 종류가 다양해서 백신이 따로 없어. 독감 예방 접종을 해도 감기에 걸리는 것은 이 때문이야.

질문 : 독감과 감기에 걸리지 않기 위한 다른 방법은 또 있을까? (질문 꼬리잡기 6회)

대답 : 면역력이 약한 사람이 잘 걸리니까 사람이 많이 모이는 곳은 피하고 면역력을 키우기 위해 운동과 영양소를 골고루 섭취하는 일이 중요해. 그리고 손을 자주 씻고 양치질을 잘해서 청결을 유지하는 것도 중요하대.

질문 : 덕분에 감기나 독감에 걸리지 않게 예방할 수 있겠구나. 고마워. (웃음)

유치원생이나 초등학교 저학년 아이들은 질문 꼬리잡기 놀이를 할 때 가위바위보를 해서 술래를 정하고 술래는 질문자가 되어 대답에 대한 꼬리잡기를 한다. 시간을 정해 주고(3분, 5분) 시간 안에 몇 개의 질문 꼬리를 잡았는지 세어 가면서 놀이를 하면 훨씬 재미있고 다양한 질문을 할 수 있다. 이때 주의할 점은 대답할 때 "그냥.", "몰라." 등의 말을 하지 않으며 질문에 대한 대답이 어려운 경우에는 다른 질문을 해 달라고 요구할 수도 있다.

다음은 1학년 아이들의 질문 꼬리잡기 사례이다.

질문(술래) : 주말에는 주로 무엇을 하니?

대답　　　 : 자전거를 타.

질문(술래) : 왜 자전거를 타니? (질문 꼬리잡기 1회)

대답　　　 : 자전거를 타면 신나고 재미있어. 그리고 건강에도 좋기 때문이야.

질문(술래) : 왜 건강에 좋다고 생각하니? (질문 꼬리잡기 2회)

대답　　　 : 다리를 계속 움직이니까 다리가 튼튼해져. 맑은 공기에 기분도 좋아
　　　　　　 지고….

질문(술래) : 왜 맑은 공기에 기분이 좋아진다고 생각하니?

대답　　　 : 음…. 다른 질문 해 줄래?

질문(술래) : 자전거는 누구랑 타니? (질문 꼬리잡기 3회)

대답　　　 : 아빠와 동생이랑 타.

질문(술래) : 어디에서 타니? (질문 꼬리잡기 4회)

대답　　　 : 호수공원에서 타.

질문(술래) : 왜 호수공원에서 타니? (질문 꼬리잡기 5회)

대답　　　 : 호수공원에 자전거도로가 있어서 안전하기 때문이야.

질문(술래) : 자전거를 타다가 사고가 난 적이 있었니? (질문 꼬리잡기 6회)

대답　　　 : 응. 아파트 주변에서 타다가 차와 부딪칠 뻔한 적이 있어.

질문(술래) : 그때 어떤 생각을 했니? (질문 꼬리잡기 7회)

대답　　　 : 굉장히 놀랐어. 그리고 자전거는 안전한 곳에서 타야겠다는 생각을
　　　　　　 했어.

질문 꼬리잡기 놀이를 즐기는 아이들　　　질문 꼬리잡기 놀이를 실습하는 교사들

질문 잇기 놀이

우리가 흔히 하는 놀이 중에 다른 사람의 말을 잘 듣고 내가 말한 내용을 보태어 말하면 뒷사람이 앞에서 말한 내용을 연결해 말하는 시장 놀이가 있다. 시장 놀이는 말을 확장하면서 다양하게 생각할 수 있으며 내용을 분류하고 정리할 수 있는 유용한 놀이다. 이 시장 놀이 방법을 질문으로 만들어 생각을 다양하게 확장하고 유추해 볼 수 있는 질문 잇기 놀이를 만들었다.

질문 잇기 놀이는 어떤 주제에 대한 다양한 사고가 가능하며 수업 시작에서 흥미를 유발하거나 수업 마무리할 때 정리를 도와주는 놀이로 생각을 빨리 하는 학생이 먼저 시작하고 생각을 늦게 하는 학생이 마지막에 하면 놀이의 효과를 크게 할 수 있다. 큰 주제로 하거나 난이도가 높을 경우에는 전체를 두 그룹으로 나누어 하는 게 좋고 작은 주제로 하거나 난이도가 낮을 경우에는 많은 그룹(모둠별)으로 나누어 하는 것이 편하다.

주의할 점은 순서가 되었을 때 잘 못하는 학생을 비난하거나 놀리지 않도록 하고 너무 심한 경쟁이 되지 않도록 놀이 전에 학생들 스스로가 지킬 점을 말할 수 있도록 한다. 선의의 경쟁과 팀을 승리로 이끌기 위한 구성원 각자의 노력은 배움으로 이어지며 학습의 재미를 느낄 수 있는 효과가 있다.

다음은 질문 잇기 놀이의 몇 가지 예이다.

'여름 과일과 채소'(2학년 통합)에 관련된 질문 잇기 놀이이다. 여러 그룹(모둠)으로 만들어 모든 구성원이 참여했다. '시장에 가면' 리듬을 살렸더니 재미있고 쉽게 다양한 주제 단어를 생각해서 말할 수 있었다.

T : 여름에만 나오는 '과일과 채소'로 질문 잇기 놀이를 해 볼까요? 먼저 1모둠 시작합니다.

S1 : 시장에 가면 참외가 있나?

S2 : 시장에 가면 참외가 있고 포도가 있나?

S3 : 시장에 가면 참외가 있고 포도가 있고 토마토가 있나?

S4 : 시장에 가면 참외가 있고 포도가 있고 토마토가 있고 수박이 있나?

S5 : 시장에 가면 참외가 있고 포도가 있고 토마토가 있고 수박이 있고 복숭아도 있나? (5명 모두 말함)

T : 다음은 2모둠 시작~.

S1 : 시장에 가면 수박이 있나?

S2 : 시장에 가면 수박이 있고 복숭아가 있나?

S3 : 시장에 가면 수박이 있고 참외가 있고….

T : 2모둠 탈락~.

T : 다음은 3모둠 시작~.

S1 : 시장에 가면 수박이 있나?

S2 : 시장에 가면 수박이 있고 참외가 있나?

S3 : 시장에 가면 수박이 있고 참외가 있고 오이가 있나?

S4 : 시장에 가면 수박이 있고 참외가 있고 오이가 있고 복숭아가 있나?

S5 : 시장에 가면 수박이 있고 참외가 있고 오이가 있고 복숭아가 있고 감이 있
    나?

T : (마지막 대답이 잘못되어) 3모둠 탈락~.

T : 다음은 4모둠 시작~.

   (마지막 7모둠까지 질문 잇기 놀이를 한 결과 1모둠이 승리하고 박수를 받음)

'대한민국 발전과 오늘의 우리'(6학년 1학기 사회과)의 단원 정리를 위
한 질문 잇기 놀이 방법이다. 단원을 정리하는 의미이므로 주제가 크고
난이도가 높아 전체를 두 그룹으로 나누어 진행하였다.

T : 일본으로부터 독립을 한 이후 우리 국민에게 어떤 일이 있었는지 질문 잇기
    놀이로 진행해 볼까요? 먼저 A팀 시작~.

S1 : 대한민국 정부를 수립했나요?

S2 : 대한민국 정부를 수립하고 6·25전쟁을 겪었나요?

S3 : 대한민국 정부를 수립하고 6·25전쟁을 겪고 휴전협정을 했나요?

S4 : 대한민국 정부를 수립하고 6·25전쟁을 겪고 휴전협정을 하고 4·19혁명이 있

었나요?

S5 : 대한민국 정부를 수립하고 6·25전쟁을 겪고 휴전협정을 하고 4·19혁명이 있었고 5·16군사정변이 있었나요?

S6 : 대한민국 정부를 수립하고 6·25전쟁을 겪고 휴전협정을 하고 4·19혁명이 있었고 5·16군사정변이 있었고 수출 100억 달러를 달성했나요?

S7 : 대한민국 정부를 수립하고 6·25전쟁을 겪고 휴전협정을 하고 4·19혁명이 있었고 5·16군사정변이 있었고 수출 100억 달러를 달성했고 5·18민주화운동이 있었나요?

S8 : 대한민국 정부를 수립하고 6·25전쟁을 겪고 휴전협정을 하고 4·19혁명이 있었고 5·16군사정변이 있었고 수출 100억 달러를 달성했고 5·18민주화운동이 있었고 서울올림픽대회를 했나요?

S9 : 대한민국 정부를 수립하고 6·25전쟁을 겪고 휴전협정을 하고 4·19혁명이 있었고 5·16군사정변이 있었고 수출 100억 달러를 달성했고 5·18민주화운동이 있었고 서울올림픽대회를 했고 남북정상회담을 했나요?

T : 네 잘했습니다. 다음은 B팀 시작~.

S1 : 대한민국 정부를 수립했나요?

S2 : 대한민국 정부를 수립하고 6·25전쟁을 겪었나요?

S3 : 대한민국 정부를 수립하고 6·25전쟁을 겪고 휴전협정을 했나요?

S4 : 대한민국 정부를 수립하고 6·25전쟁을 겪고 휴전협정을 하고 4·19혁명이 있었나요?

S5 : 대한민국 정부를 수립하고 6·25전쟁을 겪고 휴전협정을 하고 4·19혁명이 있었고 5·16군사정변이 있었나요?

S6 : 대한민국 정부를 수립하고 6·25전쟁을 겪고 휴전협정을 하고 4·19혁명이 있었고 5·16군사정변이 있었고, 음….

T : A팀 승리~.

함께 모여 질문 잇기 놀이를 하는 아이들

6하 원칙 질문 놀이

뉴스의 기사문이나 보도문에 반드시 들어가야 할 요소 '누가(who), 언제(when), 어디서(where), 무엇을(what), 어떻게(how), 왜(why)'를 활용한 질문 놀이다. 사실에 바탕을 둔 생각을 논리적이고 비판적으로 할 수 있다. 배운 내용을 정리하거나 어떤 사건, 다른 사람에 대해 이야기를 할 때 6하 원칙 질문 놀이로 하면 말할 때도 순서대로 해서 편하며 듣는 상대도 쉽게 이해할 수 있다. 2가지 방법이 있는데 다음과 같다.

6하 원칙 묻기 질문 놀이
- 그룹이 함께 하거나 짝과 함께 가능한 놀이다.

- 둘이 짝이 되어 할 경우 한 명은 '누가, 언제, 어디서, 무엇을, 어떻게, 왜'의 질문을 하고 한 명은 이에 대한 생각을 말하거나 기록한다.
- 그룹이 할 경우에는 각 면에 적힌 6하 원칙 주사위를 던져서 해당되는 질문을 말하는 질문 주사위 놀이와 병행하면 효과적이다.
- 과목과 내용에 따라서 6하 원칙을 모두 활용해도 되고 서너 가지를 선택해서 해도 된다.

경제성장 과정에서 나타난 문제점을 해결하기 위한 노력(5학년 사회과)
○○신문 기사문(2010년 ○월 ○일)

○○회사의 노사 갈등이 해결되었다. 과거와는 다르게 근로자와 기업가가 대화로 문제를 해결하려 한 결과 문제를 짧은 시간 내에 해결할 수 있었다. 만약 노사 갈등이 해결되지 않았다면 회사는 엄청난 경제적 손해를 입었을 것이다.

S1 : 누가?

S2 : 근로자와 기업가들이

S1 : 언제?

S2 : 2010년 ○월 ○일에

S1 : 어디서?

S2 : ○○회사에서

S1 : 무엇을?

S2 : 엄청난 경제적 손실을 입을 수 있는 노사 갈등을

S1 : 어떻게?

S2 : 대화로

S1 : 왜?

S2 : 문제를 해결하려고

S1 : 기사를 정리해서 어떻게 말할 수 있니?

S2 : 근로자와 기업가들이 2010년 ○월 ○일 ○○회사에서 엄청난 경제적 손실을 입을 수 있는 노사 갈등을 대화로 문제를 해결하였다는 내용이야.

제안하는 글쓰기 (4학년 국어과)

S1 : 누가?

S2 : 우리 반 친구들이

S1 : 언제?

S2 : 오늘 5교시 회의 시간에

S1 : 어디서?

S2 : 교실에서

S1 : 무엇을?

S2 : 줄넘기를

S1 : 어떻게?

S2 : 매일 아침 시간에 100번씩

S1 : 왜?

S2 : 비만을 없애고 건강해지기 위해서

S1 : 회의 내용을 정리해서 어떻게 말할 수 있니?

S2 : 우리 반 친구들이 오늘 5교시 회의 시간에 교실에서 회의를 했는데 매일 아침 시간에 100번씩 줄넘기를 하기로 했어. 왜냐하면 비만을 없애고 건강해지기 위해서야.

6하 원칙 만들기 질문 놀이

- 그룹이 함께 하거나 개인 게임으로도 가능한 놀이다.
- 그룹이 할 경우 사회자가 '누가, 언제, 어디서, 무엇을, 어떻게, 왜'의 질문을 하고 그룹 구성원은 이에 대한 생각을 말하거나 기록한다.
- 과목과 내용에 따라서 6하 원칙을 모두 활용해도 되고 서너 가지를 선택해서 해도 된다.

환경에 적응하며 살아가는 생물의 특징 관찰하기(6학년 과학과)

사회자 : '**왜**'에 해당하는 질문을 만들어 보아요.

1모둠 : 왜가리의 부리는 **왜** 길까?

2모둠 : 부엉이의 눈은 밤에 **왜** 더 크고 동그랄까?

3모둠 : 바나나의 잎은 **왜** 크고 넓적할까?

4모둠 : 사막의 선인장은 **왜** 잎이 없고 가시가 많을까?

5모둠 : 사막여우는 **왜** 북극여우와 생김새가 다를까?

사회자 : '**어디서**'에 해당하는 질문을 만들어 보아요.

1모둠 : 왜가리는 **어디서** 잠을 잘까?

2모둠 : 부엉이는 **어디서** 살까?

3모둠   : 바나나는 **어디서** 잘 자랄까?

4모둠   : 선인장은 **어디서** 잘 자랄까?

5모둠   : 북극여우는 **어디서** 겨울잠을 잘까?

사회자 : '어떻게'에 해당하는 질문을 만들어 보아요.

1모둠   : 왜가리는 **어떻게** 먹이를 잡아먹을까?

2모둠   : 부엉이는 **어떻게** 밤에도 잘 볼 수 있을까?

3모둠   : 바나나는 **어떻게** 비가 많이 내리는 열대에서 잘 자랄까?

4모둠   : 사막의 선인장은 **어떻게** 물을 흡수할 수 있을까?

5모둠   : 북극여우는 **어떻게** 흰색이 되었을까?

03
협력하고 소통하는
하브루타 질문 놀이

요즘 교육공동체 형성을 통해 협력이 강조되고 있다. 과열 경쟁과 결과 우선주의의 폐단을 없애고, 상호 교류 및 협력을 통해 희생과 배려, 존중하는 태도를 형성하여 함께 어울려 살아가기 위해서이다. 가족 구성원, 학교 친구들과 재미있게 서로 협력하고 소통하는 질문 놀이를 하면서 상대에게 고마움을 느끼고 같이 어울려 배우고 싶은 마음이 생겼던 경험을 나누고자 한다.

질문 빙고 놀이

질문 빙고 놀이는 자신이 만든 질문과 다른 구성원이 만든 질문을 비교하여 공통 질문을 찾아 하브루타를 할 수 있으며 질문을 서로 공유하여 좀 더 다양한 질문을 알 수 있는 놀이 방법이다.

방법은 다음과 같다.

- 텍스트와 관련된 질문을 빙고 놀이 판에 기록한다.

  (십자모양의 5개, 3×3의 9개, 4×4의 16개 학년 수준과 내용에 맞게 선택)

- 구성원들이 돌아가면서 자신이 만든 질문 한 개를 말한다.

- 같거나 비슷한 질문은 체크를 한다.

- 가로, 세로, 대각선으로 3개가 체크되면 '원 빙고'가 된다.

  (상황에 따라 '투 빙고'까지 진행할 수 있음)

'동그라미'(4학년 국어과 1단원)라는 시를 읽고 자신의 생각이나 느낌을 나누기 위해 질문 빙고 놀이를 했던 수업 사례이다. 텍스트 시는 다음과 같다.

〈동그라미표 쌓기〉

신현득

잘한 일은 동그라미표(○)다

잘못한 일은 가위표(×)다

오르막에 힘들어하는
수레가 있었지
밀어 주면 동그라미표야
못 본 체하면 가위표

힘이 드는가 봐, 하고
밀어 주었지
동그라미 하나

길에서 넘어진 아기
일으켜 주었지
동그라미 또 하나

학교서 돌아와
손과 발을 씻었지
이것도 동그라미표

동생과 놀아 주면
이것도 동그라미
엄마 일을 거들었지

이것도 동그라미

동그라미표 쌓기 참 쉽네

T : 지금부터 질문 빙고 놀이를 시작합니다.

S1 : 동그라미표가 많아질 때의 기분은 어떨까?

S2 : 잘한 일을 왜 동그라미표로 할까? 별표를 하면 안 될까?

S3 : 동그라미표 쌓기는 정말 쉬울까?

S4 : 가위표를 받은 아이는 정말 나쁜 아이일까?

S5 : 동그라미표를 많이 받았다고 정말 착한 아이일까?

S6 : 잘한 일은 동그라미표, 잘못한 일은 가위표를 주는 행동은 옳은가?

S7 : 손 씻기, 동생과 놀아 주기 등 당연히 해야 하는 일이 왜 잘한 일일까?

S8 : 만약 나라면 동그라미표가 많을까? 가위표가 많을까?

S9 : 동그라미표가 쌓일수록 스트레스도 쌓이지 않을까?

S10: '원 빙고'! 질문을 말할게요. 동그라미표 쌓기는 정말 쉬울까?, 잘한 일은 동그
     라미표, 잘못한 일은 가위표를 주는 행동은 옳은가?, 동그라미표를 많이 받았
     다고 정말 착한 아이일까?

T : 질문 빙고 놀이에서 '원 빙고'된 질문으로 질문 꼬리잡기 놀이를 해 보아요.

S1 : 잘한 일은 동그라미표, 잘못한 일은 가위표를 주는 행동은 옳을까?

S2 : 나는 옳다고 생각해.

S1 : 왜 옳다고 생각하니? (1회)

S2 : 왜냐하면 잘한 일은 칭찬으로 동그라미표를 주고 잘못한 일은 야단치는 대신에 가위표를 주기 때문이야.

S1 : 말로 칭찬하거나 야단치는 것보다 좋다는 거니? (2회)

S2 : 그렇지. 말로 칭찬하면 좋은 기분이 오래 가지 못하고 말로 야단맞으면 굉장히 기분이 나빠지잖아.

S1 : 동그라미표를 보면 기분 좋을 수 있지만 가위표를 보면 나쁜 기분이 오래 가서 스트레스 받지 않을까? (3회)

S2 : 스트레스를 받아야 나쁜 행동을 고칠 수 있다고 생각해.

S1 : 오히려 스트레스 받아 기분이 나빠져서 더 나쁘게 행동하지 않을까? (4회)

S2 : 더 나쁘게 행동하는 아이는 말로 타일러도 소용없을 거라 생각해.

S1 : 동그라미표를 받기 위해 억지로 잘하는 행동에 대해서는 어떻게 생각하니? (5회)

S2 : 물론 동그라미표를 받기 위해 마음에도 없는 행동을 할 수 있지만 그런 아이에게는 억지로라도 좋은 일을 하다 보면 기분이 좋아져서 습관이 될 수 있으니까 도움이 되는 거라고 볼 수 있지.

(질문자와 대답자의 역할을 바꿈)

S2 : 잘한 일은 동그라미표, 잘못한 일은 가위표를 주는 행동에 대해 어떻게 생각하니?

S1 : 나는 옳지 않다고 생각해.

S2 : 왜 옳지 않다고 생각하니? (1회)

S1 : 왜냐하면 마음에도 없이 잘하는 행동은 진정으로 잘하는 행동이 아니기 때문

이야.

S2 : 동그라미표를 받기 위해 모두 마음에도 없이 행동한다는 거니? (2회)

S1 : 대부분의 아이가 동그라미표, 가위표처럼 보이는 것에 신경을 많이 쓴다고 생각해.

S2 : 왜 아이들은 보이는 것에 신경을 쓴다고 생각하니? (3회)

S1 : 아이들은 아직 어리기 때문이야. 어른이 되면 표를 안 주어도 잘 생각해서 행동하겠지.

S2 : 그렇지만 보이는 것에 신경을 쓰다 보면 오히려 잘하는 행동은 습관이 되고 잘못하는 행동은 고치려고 노력하지 않을까? (4회)

S1 : 그렇다면 다행이지만 억지로 하는 행동은 오히려 힘들어서 표를 주지 않으면 자기가 하고 싶은 대로 행동하게 될 것 같아.

S2 : 너도 그런 경험이 있니? (5회)

S1 : 나는 어릴 때 그런 경험이 정말 많았어. 선생님이나 엄마가 주시는 '참 잘했어요.' 도장이나 별 스티커에 기분이 좋아지기도 하고 나빠지기도 했어. 그러나 지금은 도장이나 스티커를 받지 않아도 내 생각대로 솔직하게 행동하니까 좋아.

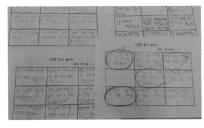

'원 빙고' 빙고 놀이 판

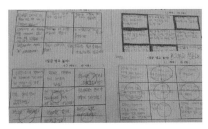

'투 빙고' 빙고 놀이 판

질문 주사위 놀이

질문 주사위 놀이는 구성원 각자가 만든 질문을 가지고 함께 머리를 맞대어 비교하고 다듬어서 좋은 질문을 만들 수 있다는 장점을 가지고 있다. 아울러 좋은 질문으로 대화가 이루어지는 주사위 놀이를 통해 학습의 의도와 목적에 맞게 놀이를 할 수 있어서 학습 효과를 높일 수 있다.

질문 주사위를 만들고 놀이하는 방법은 다음과 같다.

- 텍스트와 관련된 질문을 각자 1개씩 포스트잇에 적는다.(4명인 경우 2명은 2개의 질문을 적거나 꽝을 넣어도 됨)
- 구성원이 모여서 질문을 비교하며 같은 질문이 있는지 확인한다.
- 주사위 상자 겉면(6면)에 질문이 적힌 포스트잇을 붙인다.
- 구성원이 돌아가며 주사위를 던져서 나온 질문으로 하브루타(질문 꼬리잡기)를 한다.

'우리는 한편이야'(4학년 국어과)라는 글을 읽고 자신의 생각이나 느낌이 다른 까닭을 알아보기 위해 질문 주사위 놀이를 했다. 글의 내용을 간략히 하면 다음과 같다.

엄마의 생신을 기억 못한 가족들(아빠, 나, 동생)은 엄마의 마음을 풀어 주기 위해 장미꽃 서른여섯 송이와 보석 반지가 그려진 그림을 엄마에게 선물한다. 엄마는 기뻐하면서 아빠한테 반지를 사 줄 거냐고 묻자 아빠는 능력이 안 된다면서 못 사 준다고 말하고 엄마는 빈말이라도 해 주면 좋겠다면서 서운해한다. 결국 아빠와 엄마는 일주일 넘게 말을 하지 않게 되었고 진경이와 진호는 자신들에게 하는 말과 달리 서로 사랑하지도 않고 양보도 하지 않는 엄마, 아빠를 이상하게 생각한다.

T : 질문 주사위 놀이를 시작하기 전에 질문 주사위를 만들어 보아요.

S1 : 내 질문은 '엄마, 아빠가 왜 일주일 넘게 이야기를 하지 않을까?'

S2 : 내 질문은 '아빠가 엄마에게 반지를 사 준다는 빈말을 해야 했을까?'

S3 : 내 질문은 '아이들이 엄마, 아빠의 화해를 돕는 것이 좋은가?'

S4 : 내 질문은 '만약 할머니께서 오시면 아빠와 엄마는 화해를 할까?'

S5 : 내 질문은 '부모님의 생신을 잊었던 경험이 있는가?'

S6 : 내 질문은 '마음으로 주고받는 선물이 왜 좋을까?'

T : 질문 주사위를 다 만들었으면 이제 주사위 놀이를 시작해 보아요.

　　(주사위를 던져서 나온 질문으로 하브루타하기, 특히 질문 꼬리잡기를 하면 생각을 더 깊고 다양하게 나눌 수 있음)

S1 : 아빠가 엄마에게 반지를 사 준다는 빈말을 해야 했을까?

S2 : 나는 아빠처럼 지키지 못할 약속은 하지 않아야 한다고 생각해.

S1 : 하지만 속상한 엄마의 마음을 풀어 줄 수 있잖아?

S2 : 당장은 풀어 줄 수 있지만 아빠는 아마도 반지를 못 사 준 것이 계속 신경 쓰일 것 같아.

S1 : 아빠는 능력이 안 된다고 했는데 값이 싼 반지는 사 줄 수 있지 않을까?

S2 : 엄마가 원하는 것은 값이 싼 반지가 아니고 고급스러운 비싼 반지 같아.

S1 : 엄마도 아빠의 능력을 알고 있을 텐데 고급스러운 비싼 반지를 기대할까?

S2 : 내 생각에는 반지를 못 사 주는 아빠의 마음도 속상한데 그걸 엄마가 몰라 주
니까 아빠도 화가 날 것 같아.

S1 : 아이들이 엄마, 아빠의 화해를 돕는 것이 좋은가?

S2 : 나는 어른들의 일에 끼어드는 것은 좋지 않다고 생각해.

S1 : 하지만 엄마, 아빠의 화해를 도우면 더 빨리 해결되지 않을까?

S2 : 아니, 오히려 어른의 일에 간섭한다고 더 화 내실 거야.

S1 : 왜 그렇게 생각하니?

S2 : 나는 그런 경험이 있었어. 아빠, 엄마가 다투셨을 때 서로 화해시켜 드리려다
가 오히려 야단만 맞았어.

S1 : 그때 기분은 어땠니?

S2 : 굉장히 속상하고 화났어. 그래서 불편하기는 하지만 어른들의 싸움은 그냥
지켜보는 것이 낫다고 생각했어.

S1 : 결국 너희 아빠, 엄마는 화해를 하셨니?

S2 : 시간이 지나니까 자연스럽게 말씀을 하셨어. 어른들도 마음을 풀고 화해를
하려면 시간이 필요하다고 생각해.

질문 주사위 만들기 및 놀이 과정

1. 질문을 적은 포스트잇 모으기

2. 질문 포스트잇 붙이기

3. 질문 주사위 완성

4. 순서를 정해 주사위 던지기

5. 질문 확인하기

6. 하브루타(질문 꼬리잡기)

질문 퍼즐 놀이

질문 퍼즐 놀이는 그룹(모둠)이 함께 머리를 맞대고 협력해서 빨리 해결하고자 노력하는 팀워크를 중요시하는 놀이다. 나열된 글자를 다시 배열하고 조합해서 퍼즐을 맞추듯 질문을 먼저 맞춰야 한다. 처음에는 쉬운 질문으로 시작했다가 차츰 난이도가 높은 질문을 주면 그룹의 구성원들이 고민하고 생각하는 과정에서 협력하고 소통할 수 있는 역량이 향상될 수 있다. 나이나 학년에 상관없이 모두가 즐길 수 있다.

속담으로 질문 퍼즐 놀이를 한 사례
- 글자를 섞어 놓은 속담 질문이 있는 종이를 각 팀에게 나누어 준다.
- 사회자는 속담이라고 말하지 않는다.
- 팀원들은 글자를 다시 배열해 가면서 최종적으로 결정된 질문을 기록한다.
- 기록이 끝난 팀은 손을 들어 끝났음을 알린다.
- 어느 정도 시간이 경과한 후에도 끝나지 않은 팀은 탈락한다.
- 질문 퍼즐을 맞춘 팀은 다 같이 조합하기 전에 받은 글자를 읽은 후 답을 말해 확인받는다.

1모둠 : 식금?일산경도후끼강

2모둠 : ?고을꿩알까먹먹

3모둠 : 까랑고재을?도치가잡

4모둠 : 일위달치로?바기까걀

5모둠 : 아물야맑을이랫아물이맑?윗까

6모둠 : 쓸좋?은까에입은약

1모둠 질문 : 금강산도 식후경일까?

2모둠 질문 : 꿩 먹고 알 먹을까?

3모둠 질문 : 도랑 치고 가재 잡을까?

4모둠 질문 : 달걀로 바위 치기일까?

5모둠 질문 : 윗물이 맑아야 아랫물이 맑을까?

6모둠 질문 : 좋은 약은 입에 쓸까?

학습할 내용에 대한 핵심 질문으로 퍼즐 놀이를 한 사례

- 학습할 내용에 대한 핵심 질문을 암호로 제시한다.

- 팀원들은 함께 소통하며 핵심 질문에 대한 암호를 풀어 기록한다.

- 기록이 끝난 팀은 손을 들어 해독한 암호를 발표한다.

- 학습자는 자신들이 해독한 암호의 핵심 질문에 더 집중하고 해답을 찾
  으려는 노력을 통해 오랫동안 기억하게 된다.

핵심 질문(거꾸로 글자) 퍼즐 예시

〈6학년 2학기 국어과〉

?가인엇무은건조할야어추갖이문사기

→ 기사문이 갖추어야 할 조건은 무엇인가?

〈3학년 2학기 사회과〉

?가는있수할교비을활생식의날늘오과날옛

→ 옛날과 오늘날의 식생활을 비교할 수 있는가?

〈6학년 1학기 과학과〉

?까줄을향영떤어에계태생은활생리우

→ 우리 생활은 생태계에 어떤 영향을 줄까?

핵심 질문(띄어 읽기) 퍼즐 예시

〈6학년 1학기 과학과〉

의달 양모이 하변는 까은닭 인엇무?가

→ 달의 모양이 변하는 까닭은 무엇인가?

〈4학년 1학기 국어과〉

는말하 의이 에의도 라따 문의장 맺끝이음 떻게어 라질?달까

→ 말하는 이의 의도에 따라 문장의 끝맺음이 어떻게 달라질까?

질문 퍼즐 놀이를 통해 협력하는 아이들

04
경청하며 공감하는
하브루타 질문 놀이

    대화를 통해 좋은 관계를 유지하는 일은 삶에서 상당히 중요한 일이다. 그런데 우리는 이런 중요한 대화를 위해 얼마나 많은 노력을 기울이고 있을까? 학습에서 학생-학생, 교사-학생, 자녀-부모 간의 대화만 잘 이루어져도 학습 효과는 물론 래포를 형성하여 돈독한 관계를 유지할 수 있다. 대화에서 가장 중요하고 노력을 기울여야 할 부분이 바로 경청하는 자세와 공감하는 마음이다. 경청과 공감 능력을 형성하고 습관이 될 수 있는 질문 놀이를 소개하고자 한다.

손가락 접어 질문 놀이

손가락 접어 게임(일명 손병호 게임)을 질문으로 응용하여 수업에 적용해 봤더니 반응이 굉장히 좋아서 자주 활용하는 질문 놀이 중 하나가 되었다. 학생들이 교사나 진행하는 사회자가 말하는 내용을 손가락을 접으면서 따라 질문하게 하여 교사나 사회자의 말에 더 집중하고 경청할 수 있도록 한다. 또한 자신에게 해당하거나 자신이 공감한 부분에는 손가락을 접는 공감 놀이도 된다. 손가락 접어 질문 놀이는 학습뿐 아니라 규칙, 예의와 관련된 생활 예절을 자연스럽게 놀이를 통해 습관화할 수 있어서 더욱 추천하고 싶다.

생활 습관과 관련된 손가락 접어 질문 놀이 사례는 다음과 같다. 신기하게도 아이들은 '가방을 잘 걸어.'라고 지시하는 것보다 '가방을 잘 걸었을까?'라고 궁금해하면서 질문으로 하면 오히려 기분 상하지 않게 행동을 수정하고 바른 습관을 가지려 노력함을 알 수 있다. 질문은 사람의 마음을 움직인다.

T: 지금부터 수업 준비에 관련된 손가락 접어 질문 놀이를 시작합니다. 선생님이 질문을 하면 실천한 학생은 손가락을 접습니다. 다섯 개 모두 접은 학생은 누구일까요?

T: 책상 줄 똑바로 맞추었을까? 접어.

T: 가방을 잘 걸었을까? 접어.

T : 교과서와 공책을 꺼냈을까? 접어.

T : 바른 자세로 앉았을까? 접어.

T : 숙제를 해 왔을까? 접어.

S1, S2 : 저는 손가락 모두 접었습니다.

T : 네. 손가락을 모두 접은 학생들은 수업 준비가 잘되었습니다.

'동물의 특징'(3학년 과학과)과 관련된 손가락 접어 질문 놀이 사례이다. 처음에는 교사가 사회자 역할을 하다가 차츰 학생 한 명을 앞에 세워 사회자 역할을 하게 하면 집중을 더욱 잘하는 모습을 보인다.

T : 각자 생각하는 동물을 종이에 적고 사회자가 질문을 듣고 자신에게 해당되는 질문이면 손가락을 접어요. 손가락 다섯 개를 모두 접은 친구는 자신의 이름을 소리쳐 말하고 해당되는 질문 다섯 개를 모두 말합니다. 그럼 다른 학생이 동물 이름을 알아맞히는 놀이입니다.

S(사회자) : 집에서 키우는 동물일까? 접어.

S : (집에서 키우는 동물이면 손가락을 한 개 접는다.)

S(사회자) : 다리가 있을까? 접어.

S : (다리가 있으면 손가락을 한 개 접는다.)

S(사회자) : 털이 있을까? 접어.

S : (털이 있는 동물이면 손가락을 한 개 접는다.)

S(사회자) : 알을 낳을까? 접어.

S : 알을 낳는 동물이면 손가락을 한 개 접는다.

S(사회자) : 날개가 있을까? 접어.

S: (날개가 있는 동물이면 손가락을 한 개 접는다.)

민호 : 민호! 집에서 키우는 동물일까? 다리가 있을까? 털이 있을까? 알을 낳을
    까? 날개가 있을까? 무슨 동물일까요?

S1 : 정답! 닭입니다.

민호 : 빙고. 닭 맞습니다.

'여름 과일과 채소'(2학년 통합)와 관련된 손가락 접어 질문 놀이 사례
이다. 참여한 아이들 전체가 여름 과일과 채소 중 한 가지를 쓴다. 사회자
가 질문을 하면서 손가락 접어 게임을 시작하면 이번에는 손가락을 접지
않고 최후까지 남은 경우 승리자가 된다. 자신에게 해당하는 질문이면
손가락을 접는 규칙이 있기 때문에 질문에 더 집중하고 경청할 수 있으
며 사회자의 질문을 잊어버릴 수 있으므로 메모장에 핵심 단어를 기록할
수 있음을 알려 준다.

S(사회자) : 씨가 많을까? 접어.

S: (씨가 많다고 생각하면 손가락을 한 개 접는다.)

S(사회자) : 사람 머리보다 클까? 접어.

S: (사람 머리보다 큰 과일과 채소는 손가락을 한 개 접는다.)

S(사회자) : 물이 많이 들어 있을까? 접어.

S: (물이 많다고 생각하면 손가락을 한 개 접는다.)

S(사회자) : 겉이 초록색일까? 접어.

S : (겉이 초록색이면 손가락을 한 개 접는다.)

S(사회자) : 동그란 모양일까? 접어.

S : (동그란 모양이면 손가락을 한 개 접는다.)

S(사회자) : 과일일까? 접어.

S : (과일이면 손가락을 한 개 접는다. *여기저기 아쉬움의 소리~)

S(사회자) : 속이 노란색일까? 접어.

S : (속이 노란색이면 손가락을 한 개 접는다.)

S(사회자) : 지금까지 손가락을 두 개만 접은 수지가 위너입니다.
　　　　　 여름 과일과 채소 중 수지가 쓴 것은 무엇인가요?

수지 : 오이입니다.

S(사회자) : 해당하는 질문은 무엇인가요?

수지 : 물이 많이 들어 있을까? 겉이 초록색일까?입니다.

손가락 접어 질문 놀이를 즐기는 아이들

질문 역할 놀이

텍스트에 등장하는 인물의 마음을 알고 공감하기 위해서는 직접 텍스트의 인물이 되어 보는 방법이 필요하다. 등장인물이 되어 친구들에게 질문을 받아 대답을 하거나 반대로 등장인물이 된 친구에게 질문을 하여 대답을 듣는 활동은 상대의 말에 집중하여 경청하게 만들고 더 나아가 감정을 표현하여 공감을 이끌어 낸다. 질문 역할 놀이는 단순히 등장인물이 대본을 보고 읽거나 대본의 역할을 말하는 것, 즉 연극이 아니라 등장인물이 되어 대본에 없는 궁금한 내용을 질문하고 대답하는 것이다.

다음은 질문 역할 놀이 방법에 따라 실시한 사례이다.

- 두 명이 짝이 되어 등장인물의 역할을 각각 한 가지씩 맡는다.
- 모든 학생이 동시에 역할 놀이를 한 후 발표 희망자는 짝과 함께 앞으로 나와 발표를 하고 다른 학생들은 추가 질문을 할 수 있다.
- 질문을 받은 학생은 자신의 생각을 대답하고 질문 꼬리잡기로 이어질 수 있다.

'가끔씩 비오는 날'(4학년 국어과)을 읽고 질문 역할 놀이를 하였다. 이야기의 내용은 다음과 같다.

어느 건물에 액자가 걸린 못, 시계가 걸린 못 등 쓸모 있는 못들이 아무것도 걸리지 않은 쓸모없는 못을 뽑아 버려야 한다면서 무시를 하고 온

갖 구박을 한다. 이에 쓸모없는 못은 아무 말도 하지 못한 채 참고 있는 데 어느 날 새 주인이 들어와 비오는 날이면 쓸모없던 못에 화분을 걸어 창밖에서 비를 맞게 하였다. 화분을 걸 수 있는 못은 정말 쓸모 있는 못 이라는 아저씨의 말에 쓸모없게 여겨졌던 못은 행복해졌다.

이야기 속에 등장하는 쓸모없는 못(S1)과 쓸모 있는 못(S2)의 역할을 맡은 학생들이 반 학생들 앞에서 역할 놀이를 하고, 이를 지켜본 반 학생들(S3, S4, S5)이 질문하고 대답으로 대화하는 장면

S1(쓸모 있는 못) : 너는 우리가 괴롭혀도 왜 가만히 있었니?

S2(쓸모없는 못) : 내가 뭐라고 하면 너희들은 더 나를 무시할 거라고 생각했어.

S1(쓸모 있는 못) : 우리가 무시했을 때 기분이 어땠니?

S2(쓸모없는 못) : 매우 화나고 속상했어.

S1(쓸모 있는 못) : 아저씨가 너에게 초록이를 걸었을 때 기분은 어땠니?

S2(쓸모없는 못) : 너는 상상할 수도 없을 거야. 너무 기뻐서 가슴이 뛰었어.

S1(쓸모 있는 못) : 네가 기쁜 이유가 이제는 우리에게 무시를 안 당할 거라고 생각
했기 때문이니?

S2(쓸모없는 못) : 그것보다 더 기쁜 것은 나도 누군가에게 도움이 되는 쓸모 있는
못이라는 생각 때문이야. 그래서 무척 행복해.

S3 : (S1에게) 너는 쓸모없는 못을 왜 놀리고 무시했니?

S1 : 내가 놀려도 쓸모없는 못이 가만히 있으니까 재미가 있어서 그랬어.

S3 : 재미가 있다고 했는데 그 행동이 잘못이란 생각은 안 했니?

S1 : 처음에는 장난에서 시작해서 잘못이라는 생각을 안 했는데 자꾸 하다 보니
잘못이라는 생각은 했어.

S4 : 그럼 쓸모없는 못에게 미안한 마음이 드는 거니?

S1 : 응. 미안한 마음이 들어. 그리고 쓸모없다고 생각했던 못인데 나중에는 아저
씨가 좋아해 줘서 부러웠어.

S5 : 쓸모없는 못에게 사과를 해서 잘못을 용서받는 게 어떠니?

S1 : 그래. 정말 미안했어. 앞으로는 놀리거나 무시하지 않을게.

S2 : 고마워. 우리 앞으로는 친하게 지내자.

이와 같이 질문 역할 놀이를 해 보면 아이들은 자신들이 하고 싶었던
질문과 대답을 통해 서로의 생각을 알 수 있고 상대의 말을 잘 경청하고
공감하면서 스스로 친구를 배려하려는 마음을 가지게 된다. 이야기의 내
용과 관련해서 역할 놀이를 했을 뿐인데 자신의 경험과 연결된 질문과
대답을 통해 교사가 전하려는 메시지를 스스로 찾아내고 실천하려는 노
력이 돋보인 시간이었다.

다음은 4학년 국어과 수업에서 시를 읽고 질문 역할 놀이를 했던 송○
○ 교사의 수업 장면이다. 시를 읽고 질문 역할 놀이를 통해 아이들이 작
품 속의 세계와 현실의 자기 자신과 비교하여 배움과 삶을 자연스럽게
연결하는 모습을 볼 수 있었다.

〈거인들이 사는 나라〉

단 하루만이라도 어른들을 거인국으로 보내자.

그곳에 있는 것들은 모두 어마어마하게 크겠지.

거인들 틈에 끼이면 어른들은

우리보다 더 작아 보일 거야.

찻길을 가로지르는 횡단보도는

얼마나 길까?

아마 100미터도 넘을 텐데

신호등의 파란불은 10초 동안만 켜지겠지.

거인들은 성큼성큼 앞질러 건너가고

어른들은 종종 걸음으로 뒤 따를 텐데….

　시를 읽고 어른(S1)과 아이(S2)의 역할을 맡은 학생이 반 학생들 앞에서 역할 놀이를 하고, 이를 지켜본 반 학생들(S3, S4, S5)이 질문하고 대답으로 대화하는 장면

　S1(어른) : 왜 너는 어른들을 거인국에 보내고 싶은 거니?

　S2(아이) : 어른들은 우리 아이들을 너무 이해하지 못하기 때문이에요.

　S1(어른) : 어떤 점에서 이해하지 못한다고 생각하지?

　S2(아이) : 우리 아이의 입장에서 아이들이 불편하거나 싫어하는 것을 알았으면
　　　　　　좋겠어요.

　S1(어른) : 어른들이 거인국에 가면 아이들의 입장을 알 수 있다는 거니?

S2(아이) : 어른들이 거인국에 가면 거인은 어른이고 어른은 아이가 될 수 있으니까 아이들의 입장을 안다고 생각해요.

S1(어른) : 특히 불편하거나 싫은 것은 무엇이니?

S2(아이) : 학원에 가는 것이 싫어요. 학원 숙제가 너무 많고 놀 시간도 없어요. 아마 어른들도 우리 아이들처럼 억지로 학원에 다니라면 정말 싫을걸요.

S1(어른) : 하지만 너희는 학생이니까 배워야 하지 않니?

S2(아이) : 배우는 것도 중요하지만 억지로 시키는 것은 싫어요.

S1(어른) : 그럼 어른들이 어떻게 해 주면 좋을까?

S2(아이) : 학원도 다니고 싶다는 것만 보내주고 집에 오면 쉬거나 놀 시간을 충분히 주셨으면 좋겠어요.

짝과 질문 역할 놀이를 하는 모습

전체 질문으로 이어진 질문 역할 놀이

CHAPTER 04

배움 실천하기,
하브루타 질문 놀이 적용 사례

01
책상에서 배우고 일상에서 활용하는
하브루타 질문 놀이

S : 선생님, 저는 동생이랑 질문 놀이를 했어요.

T : 오, 그래. 어떤 질문 놀이를 했나요?

S : 얼마 전에 가족과 울릉도 여행을 가서 등대를 보았는데 사회 시간에 배운 등대
가 떠올랐어요.

T : 아, 등대에 대해 배운 내용이 생각났군요. 그래서 어떻게 했죠?

S : 가족한테 제가 배운 내용을 설명하는데 동생이 자꾸자꾸 물어봤어요.

T : 동생이 무얼 자꾸 물어봤나요?

S : 등대는 왜 생겼느냐? 등대는 누가 만들었느냐? 우리나라에서 처음 만든 등대
는 어디 있느냐?

T : 오호. 그래서 동생한테 모두 대답해 주었나요?

S : 아니요. 동생이 하는 질문은 저도 잘 모르는 내용이라서 아빠, 엄마께 여쭈어 보았어요.

T : 아빠, 엄마가 대답해 주셨나요?

S : 아빠, 엄마도 잘 모르셔서 인터넷을 찾아봤어요.

T : 동생 덕분에 온 가족이 공부를 하게 되었군요?

S : 네. 질문 놀이를 하니까 질문도 끝이 없고 공부도 끝이 없어요. 그런데 배운 내용을 잊지 않게 되어 진짜 공부하는 것 같아 신나요.

T : 진짜 공부? 그럼 가짜 공부도 있나요?

S : 네. 배워서 금방 잊어버리면 가짜 공부고 절대 잊어버리지 않는 것은 진짜 공부예요. 질문 놀이는 진짜 공부를 할 수 있어요.

위의 대화는 박○○ 교사가 들려준 이야기이다. 초등 3학년 아이가 하브루타 질문 놀이를 통해 가짜 공부와 진짜 공부를 나름대로 구분했다는 내용이다. 그 아이가 말하는 가짜 공부는 자신이 궁금하지도 않고 알고 싶지 않아도 교과서와 책, 그리고 선생님이 알려 주고 싶어 하는 내용들이다.

진짜 공부는 자신이 궁금해서 알고 싶은 욕구를 견딜 수 없어 스스로 관찰하고 찾아보고 해결하는 자기주도적인 학습을 말한다. 자기주도적인 학습은 배움에 대한 흥미를 일으키고, 스스로 얻은 배움은 쉽게 잊히지 않아 삶과 연결되어 경험 속에 녹아든다. 책상에서의 배움은 결국 일상 속에서 살아 움직이게 된다.

학생들이 하브루타 질문 놀이 방법으로 배운 교과서나 텍스트 속의 지식은 더 이상 교과서 속에서만 또는 텍스트로만 존재하지 않는다. 교과서 속의 '등대'가 아이들의 공부 수다 재료로 되새김질되어 아이들의 생활 속에 스며들고 여행 경험 속에 녹아들어 시간과 공간을 넘어선 지혜의 보물이 된 것이다.

'등대의 색깔은 왜 다를까요?'(3학년 사회과)를 공부해 보자. 보편적으로 수업은 텍스트를 읽고 내용에 대해 교사가 질문하고 학생이 대답한 다음 교사의 보충 설명으로 이어진 후 마무리된다. 이때 교사가 아무리 설명을 잘하고 학생이 잘 듣는다 해도 '등대'는 여전히 자신과 별 상관없는 맞추기 어려운 퍼즐 한 조각의 기억에 불과할 것이다. 교과서나 선생님의 질문은 학생 자신이 궁금한 것이 아니기 때문에 해답을 찾는다고 해도 쉽게 잊히고 만다.

물론 교실 안 책상에 앉아서 배움을 경험과 삶으로 연결하는 일은 쉽지 않다. 그러나 이 쉽지 않은 과정이 하브루타 질문 놀이를 통해서 조금은 가능해졌고 아이들과의 대화식 수업에서 얻은 지식은 더 이상 수업이 끝나면 잊히는 기억의 한 조각이 아니다. 문제의 해결은 답을 찾는 노력이 아니라 질문을 던지는 일, 즉 문제를 제기하는 것에서 시작한다.

다음은 '등대'와 관련된 하브루타 질문 놀이 방법과 수업 대화이다.

- 내용을 함께 읽고 짝에게 읽은 내용을 서로 설명한다.

  (설명할 때 텍스트는 참고만 할 뿐 보고 말하지 않음. 보고 말하는 것을 허용하

면 아이들은 텍스트를 읽어 주는 습관을 갖게 됨. 참고만 할 뿐으로 제한함)
- 궁금한 것은 질문 꼬리잡기를 통해 깊이 있게 대화를 한다.
- 짝과 함께 해결할 수 없었던 질문은 전체 하브루타에서 질문을 공유하여 해결한다.
- 해결되지 않은 질문은 교사가 알려 주거나 인터넷을 찾아보고 수업 시간이 부족한 경우에는 과제로 내주어서 다음 차시에 발표하게 한다.

〈등대의 색깔은 왜 다를까요?〉

등대는 바닷가나 섬 같은 곳에 탑 모양으로 높이 세워져 있는 시설입니다. 등대는 불을 켜서 밤에 다니는 배에게 뱃길과 위험한 곳을 알려 줍니다. 등대에는 빨간색 등대도 있고, 흰색 등대도 있습니다. 왜 그럴까요?

빨간색 등대는 빨강 불빛을 내고, 흰색 등대는 초록 불빛을 냅니다. 바다에서 항구 쪽을 바라볼 때 빨간색 등대는 등대의 오른쪽이 위험하니 왼쪽으로 가라는 뜻이고, 흰색 등대는 등대의 왼쪽이 위험하니 오른쪽으로 가라는 뜻입니다.

교사와 학생이 함께 나눈 수업 대화(쉬우르)

T : 짝과 질문 꼬리잡기를 하면서 해결되지 않은 질문이 있었나요?

S1 : 빨강색 등대는 빨강 불빛을 내는데 왜 흰색 등대는 흰색 불빛이 아니고 초록 불빛을 낼까요?

T : 이 질문에 대해 자신의 생각을 말해 줄 학생 있나요?

S2 : 흰색 불빛을 내면 오징어 배나 다른 배와 불빛이 비슷해 헷갈릴 수 있어요.

S3 : 집에서 나오는 형광등 불빛과 비슷해 잘 보이지 않을 수도 있을 것 같아요.

S4 : 아, 가로등 불빛과도 비슷할 수 있겠네요.

T : 등대의 불빛을 흰색으로 하면 집에서 나오는 불빛, 배에서 나오는 불빛, 가로 등 불빛 등 다른 불빛과 비슷해서 구분이 어렵다는 말이군요. 또 다른 이유는 없을까요?

S : ???

T : 조금 어렵지만 먼 바다에서 보았을 때 흰색 불빛이 더 잘 보일까요? 초록 불빛이 더 잘 보일까요?

S2 : 초록 불빛이 더 잘 보일 것 같아요.

S5 : 그럼 빨강 불빛도 잘 보이나요?

S2 : 빨강 불빛은 제일 잘 보일 것 같아요. 그래서 자동차 불빛도 모두 빨간색이잖아요.

S3 : 그럼 빨강 불빛과 빨간색 등대처럼 초록 불빛이 잘 보이려면 초록 등대로 만들면 헷갈리지 않고 좋을 것 같은데요?

S4 : 초록 등대로 하면 나무와 색이 비슷하잖아.

S1 : 맞아. 바다색하고도 너무 비슷해서 구분하기 어려울 것 같아.

S3 : 아, 이제 알았다. 등대의 색깔은 낮에는 비다. 나무 같은 자연과 다르게 보이려고 가장 잘 보이는 빨간색과 흰색을 칠한 것이 아닌가요?

S4 : 그리고 밤에는 다른 흰색 불빛과 헷갈리지 않고 멀리서도 잘 보이는 초록 불빛을 내는 것이군요.

S2 : 그럼 등대는 흰색과 빨강 등대 말고 다른 색 등대도 있나요?

T : 다른 색 등대도 있을까요?

S4 : 다른 색은 본 적이 없어요.

울릉도에서 본 빨간색과 흰색의 등대   제주도 성산포항의 노란색 등대

T : 그런데 자주 볼 수는 없지만 다른 색 등대도 있다는데 무슨 색일까요?

S1 : 눈에 잘 보이는 신호등 색이랑 비슷할 것 같아요.

S3 : 아, 노란색이 아닐까?

T : 맞아요. 그럼 노란색 등대는 어떤 의미를 가지고 있을까요?

S5 : 신호등처럼 기다리라는 신호가 아닐까요?

S2 : 아니면 좀 더 조심하라는 신호인가요?

T : 무엇을 조심하라는 것일까요?

S3 : 큰 배? 파도?

S5 : 아, 주변에 위험하거나 장애물이 있다는 걸 알려 주는 것 같아요.

T : 노란색 등대는 공사 중인 작업 구역이 있거나 어부들이 설치해 놓은 시설이 있는 경우 주변 해상을 주의하라는 뜻이랍니다.

S1 : 그럼 세계에서 제일 처음 만들어진 등대는 어디에 있어요?

T : 선생님도 모르겠는데 인터넷에서 찾아볼까요?

    (학생이 검색어로 '세계 최초의 등대'를 쳐서 찾고 자료를 읽음)

S2 : 세계 최초의 등대는 이집트의 알렉산드리아 항구에 뱃길을 알리기 위해 세워진 '파로스 등대'인데 지금은 사라지고 없네요.

S4 : 그럼 우리나라에서 처음 만들어진 등대는 무엇인가요?

T : 이것도 인터넷에서 찾아볼까요?

　　　(학생이 검색어로 '우리나라 최초의 등대'를 쳐서 찾고 자료를 읽음)

S3 : 인천 앞바다에 세워진 '팔미도 등대'인데 그 등대는 지금 사라지고 대신 최첨단 기술로 만든 등대가 있대요.

S5 : 등대에 관해서 새로 알게 된 내용이 많아요. 집에 가서 오늘 배운 등대에 관해서 좀 더 자세히 찾아봐야겠어요.

S3 : 등대가 바다와 항구에서는 정말 중요하다는 것을 알았어요. 도로에 있는 신호등 역할을 해 준다는 것도 알았어요.

S1 : 등대가 있어서 큰 사고를 막는 중요한 시설임을 알았어요.

S4 : 바닷가에서는 등대의 정확한 위치와 등대의 색깔, 불빛이 무척 중요하다는 것을 배웠어요.

S2 : 여름방학 때 부산 할머니 댁에 놀러 가서 등대를 보긴 했는데 그때는 관심이 없어서 자세히 안 보았거든요. 다음에 가면 자세히 살펴보아야겠어요.

친구에게 설명하기, 하브루타 질문 놀이 과정

1. 친구에게 내용 설명하기

2. 짝과의 질문 꼬리잡기

3. 전체와의 질문 꼬리잡기

4. 쉬우르(교사와 짝이 되는 수업 대화)

02
책 읽기(듣기)와 하브루타
질문 북(Book) 놀이

　가정이나 학교에서 독서 교육의 중요성을 모두 알고는 있지만 정작 아이들은 책을 읽을 시간도 없고 독서에 대한 흥미는 상급생이 될수록 낮아지는 경향을 보인다. 아이들에게 독서 습관을 길러 주기 위해 책을 많이 읽거나 독후 활동을 하고 나면 보상을 주어 독서를 유도하고 있으나 이러한 보상 방법은 아이들이 스스로 꾸준히 책을 읽게 하는 데에는 오히려 역효과가 생길 우려가 많다. 더구나 교과서 속의 소설이나 동화 같은 작품은 교과서의 분량이 제한적이다 보니 온전한 작품이 실리지 못하여 전체 맥락을 고려할 수 없다.

　이러한 폐단을 보완하고자 '온전함'을 추구하는 '온 책 읽기', '온 작품 읽기', '슬로리딩' 같은 방법으로 독서 교육에 대한 고민을 해결하려는 노력은 2015 개정 교육 과정에서 국어과의 '책을 읽고 생각을 나누어요.'라는 단원명으로 독서 단원이 새롭게 신설되어 '한 학기 한 권 읽기'를 권장하고 있다.

물론 '온 책 읽기', '온 작품 읽기', '슬로리딩'과 같은 독서 방법은 시간이 많이 걸리더라도 교과서에서 필요에 의해 짧게 편집된 이야기 대신에 온전한 이야기를 처음부터 끝까지 읽고 자연스럽게 이야기의 맥락을 찾는다는 데 큰 의미가 있다. 그러나 부분적이었던 책의 일부 대신에 전체를 온전하게 읽게 해서 전체 흐름과 맥락을 이해하고 책의 내용을 알게 한다는 것에만 그친다면 독서의 진정한 의미인 책을 이해한다는 점에서는 여전히 아쉬움이 남는다. 책을 제대로 이해하려면 유의미한 질문을 해야 한다. 그리고 질문을 통해 자신의 경험과 연결하여 삶 속에 녹여 내는 과정이 반드시 필요하다.

우리는 흔히 교사나 학부모가 책을 읽어 주는 활동은 문자를 해득하지 못한 유아들에게나 유용하다고 생각한다. 그래서 초등학교 저학년 이상이 되면 책을 듣는 청서(聽書)보다는 아이들이 스스로 책을 읽게 하는 독서(讀書)를 권장한다. 그러나 교사와 학부모가 책을 읽어 주는 활동, 즉 책을 듣는 청서는 14살 즉 중학교 1학년까지도 유용한 방법으로 성인이 되어서도 책을 사랑할 수 있는 독서 방법이다.

우리의 독서 문화와는 사뭇 다른 독일의 경우에는 책을 '듣는' 것은 책을 읽는 것만큼이나 일상적이고 중요한 문화생활이다. 독일인의 책 듣기 문화는 아주 어려서부터 시작한다. 아이가 잠들기 전까지 침대 옆에 앉아 책을 읽어 주는 것은 유대인들과 마찬가지로 독일 부모에게도 일종의 의무이다. 아이는 어렸을 때부터 부모가 읽어 주는 내용을 들으며 스스로 상상의 나래를 펼쳐 이야기 세계 속으로 빠져든다.

이와 같은 책 듣기는 하나의 문화생활로 정착되어 성인이 되어서도 마찬가지로 행해진다. 독일 어른들의 책 듣기는 '회어부흐(Hoerbuch, 음성 책)'를 통해 하루의 스트레스를 풀면서 일과를 마감한다. 독일의 대형 서점에서 음성 책 매장은 어느 베스트셀러 매장이나 음반 매장 못지않게 큰 규모로 갖추어져 있다. 매년 열리는 베를린 시 축제나 국제 문학 페스티벌 등 대형 문학 행사에서 낭독회는 빠질 수 없는 인기 만점의 행사이다.

작가가 직접 읽어 주는 책을 듣고 작가와의 대화를 통해 작가의 세계를 함께 공감하며 문학이라는 문화를 향유할 줄 아는 모습이 부럽다. 그래서 우리의 아이들에게도 책 읽어 주기 즉 아이들의 입장에서는 책 듣기를 통해 책과 가까이 할 수 있는 기회를 가져 보았다. 책 듣기를 통해 책을 좋아할 뿐만 아니라 책을 읽는 의미를 깨닫게 해 주고 싶었다. 책을 이해한다는 것은 단순히 책의 글자만 읽는 것, 책의 내용만 아는 것이 아니라 책이 안고 있는 유의미한 질문거리를 찾아 생각을 나누며 작품 밖의 존재인 자기 자신의 경험과 연결하고 삶 속에 흘려보내는 과정을 통해서 이루어진다.

다음은 청서와 하브루타 질문 놀이를 통해 북 놀이를 했던 사례이다. 북 놀이는 아이들이 재미있다면서 붙여 준 이름이다.

전래 동화 질문 놀이 1

다음은 2학년과 전래 동화로 하브루타 질문 놀이 수업을 했던 사례이다. 국어 교과서에서는 몇 줄 안 되는 내용으로 일이 일어난 차례를 생각하게 하고 뒷이야기를 상상하게 한다.

- 어느 날, 할아버지가 참새가 안내한 곳의 샘물을 마시니 젊은 청년으로 변했습니다.
- 이 소문을 들은 욕심쟁이 할아버지는 샘으로 달려가 샘물을 아주 많이 마셔서 (?)이/가 되었습니다.
- 옛날 어느 깊은 산속에 자녀가 없는 노부부가 살고 있었습니다.

위의 내용만 가지고는 전체의 흐름을 파악하기가 어렵고 마음껏 상상의 날개를 펼쳐 뒷이야기를 전개하는 데 답답한 생각이 든다. 그래서 전래 동화 책을 찾아 전체 내용을 읽어 주고 하브루타 질문 놀이를 했더니 아이들의 생각이 너무나 기발하고 참신했다. 그런데 더 놀라운 것은 옛날이야기임에도 불구하고 아이들의 생각이 마냥 엉뚱하고 현실과 동떨어진 것이 아니라 자신의 경험을 끌어내어 연결하고 시공을 초월한 배움을 삶 속에서 실천하려는 의지를 보였다는 것이다.

질문 놀이 수업의 흐름

듣기 전	1	'젊어지는 샘물' 제목으로 질문 꼬리잡기
듣기 중	2	이야기 들으며 질문하기
듣기 후	3	짝에게 이야기 내용 설명하기(짝 하브루타)
	4	질문 릴레이(모둠 하브루타)
	5	질문 릴레이의 질문에 대한 질문 꼬리잡기(짝 하브루타)
	6	뒷이야기 듣기(이야기 상상하여 그리기)
	7	돌발 질문에 대한 생각 나누기 (계획과 달라진 부분 추가, 전체 하브루타)
배움 후	8	경험과 연결한 생각 나누기(전체 하브루타)
	9	알게 된 사실, 배운 내용 나누기(전체 하브루타)

1. '젊어지는 샘물' 제목으로 질문 꼬리잡기

- 왜 제목이 '젊어지는 샘물'일까?

- 어떤 내용일까?

- 지은이는 누구인가?

S1 : 왜 제목이 '젊어지는 샘물'일까?

S2 : 내 생각엔 나이 많은 사람이 샘물을 마시면 젊어진다는 이야기 같아. 그러니까 내용 중에서 제일 중요한 단어를 제목으로 했겠지.

S1 : 내용 중에서 제일 중요한 단어를 왜 제목으로 한다고 생각해?

S2 : 일단 제목을 보면 이야기의 내용을 짐작할 수 있으니까 제목은 이야기의 중

심이 되는 이름표 같은 거라 생각해.

S1 : 그럼 책 제목이 그 책의 이름표라는 거니?

S2 : 응. 친구들이 내 이름을 부르면 나의 성격, 나의 생김새를 알 수 있듯이 책도
이름표를 통해 어떤 내용일지 짐작하게 되잖아.

2. 이야기 들으며 질문하기

- 뒷부분은 읽지 않고 상상 하브루타 후 읽어 주기
- 이야기 내용 그대로 듣기(들으면서 중요한 낱말 기록하기)
- 질문으로 바꾸어 읽을 때 '스톱' 하고 궁금한 내용 질문하기

〈젊어지는 샘물〉

옛날 옛적 산골 마을에 할아버지와 할머니가 살았어요.(살았나요?)

가난한 살림이지만 오순도순 정답게 지냈지요.(지냈나요?)

학생 질문 : 할아버지와 할머니는 왜 가난했나요?

한 가지 아쉬운 것은 자식이 없어 늘 마음 한구석이 허전했어요.(허전했나요?)

학생 질문 : 할아버지 할머니는 왜 자식이 없었나요?

하루는 할아버지가 산으로 땔나무를 하러 갔어요.(갔나요?)

학생 질문 : 할아버지는 왜 땔나무를 했을까요?

"뽀로롱뽀로롱, 삐오오."

어디선가 예쁜 새소리가 들려왔어요.(들려왔나요?)

"오라, 바로 너로구나!"

나뭇가지에 파랑새 한 마리가 앉아 있었지요.(있었나요?)

파랑새는 포르르 날더니 할아버지를 점점 더 깊은 숲속으로 데려갔어요.(데려갔나
요?)

학생 질문 : 파랑새는 왜 할아버지를 깊은 숲속으로 데려갔을까요?

"목이 마른데, 어디 샘물이 없을까?"

마침 옹달샘 하나가 눈에 띄었어요.(띄었나요?)

학생 질문 : 왜 산속에 옹달샘이 있었을까요?

옹달샘에는 맑은 물이 고여 있었지요.(있었나요?)

"물맛이 정말 달고 시원하구나!"

할아버지는 옹달샘 물을 두어 모금 더 마셨어요.(마셨나요?)

물을 마시고 나자 이상하게 잠이 쏟아졌어요.(쏟아졌나요?)

할아버지는 옹달샘 옆 너럭바위에 앉았어요.(앉았나요?)

잠시 바위에 기대어 앉는다는 것이 그만 잠에 곯아떨어지고 말았지요.(말았나요?)

잠에서 깨어났을 때는 이미 날이 저물어 어둑어둑했어요.(어둑어둑했나요?)

할아버지는 서둘러 산을 내려와 집으로 갔어요.(갔나요?)

"할멈, 나 왔소. 너무 늦어 걱정했지?"

"아니, 젊은이는 누구요?"

할아버지를 본 할머니가 깜짝 놀라 소리쳤어요.(소리쳤나요?)

"할멈, 나요, 나란 말이오!"

할아버지는 할머니가 자신을 못 알아보자 답답한 마음에 거울을 보았어요.(보았나
요?)

학생 질문 : 할머니가 할아버지를 몰라 볼 때 할아버지는 어떤 기분이었을까요?

"아니, 이게 어떻게 된 일이람!"

할아버지는 벌어진 입을 다물 수 없었지요.(없었나요?)

얼굴을 가득 덮고 있던 주름살이 사라지고 머리카락도 새까맣게 변해 있었던 거예요.(변해 있었나요?)

학생 질문 : 젊게 변한 할아버지는 어떤 기분이었을까요?

할아버지는 할머니에게 산속에서 있었던 일을 이야기했어요.(이야기했나요?)

날이 밝자 할머니는 할아버지를 따라 옹달샘을 찾아갔어요.(찾아갔나요?)

샘물을 두어 모금 마시자 할머니도 바로 잠이 들었어요.(들었나요?)

학생 질문 : 왜 옹달샘을 마시면 잠이 들까요?

깨어났을 때는 예쁜 새댁으로 변해 있었지요.(있었나요?)

"하하, 우리 둘 다 삼십 년은 젊어진 것 같소."

젊어지는 샘물 소문은 이웃 마을까지 전해졌어요.(전해졌나요?)

할아버지는 이웃 마을 욕심쟁이 할아버지에게 옹달샘이 있는 곳을 알려 주었어요.(알려 주었나요?)

학생 질문 : 할아버지는 왜 욕심쟁이 할아버지에게 옹달샘이 있는 곳을 알려 주었을까요?

그런데 며칠이 지나도록 욕심쟁이 할아버지가 돌아오지 않는 거예요.(돌아오지 않았나요?)

학생 질문 : 욕심쟁이 할아버지는 어떻게 되었을까요?

3. 짝에게 이야기 내용 설명하기

S1 : 젊어지는 샘물 이야기를 들려줄게. 잘 들어 봐.

S2 : 알았어. 잘 들을게.

S1 : 옛날에 가난한 할아버지와 할머니가 살았대. 그런데 할아버지 할머니는 자식이 없어서 아쉬웠대. 어느 날 할아버지가 산으로 땔나무를 하러 갔는데 예쁜 새소리를 듣고 깊은 산속으로 파랑새를 쫓아갔더니 옹달샘이 있었어. 목마른 할아버지는 옹달샘 물을 조금 마시고 잠이 들었대. 잠에서 깨어났을 때는 젊은 청년으로 변해 있었어. 할아버지는 날이 어두워지자 집에서 기다리는 할머니 생각에 급히 집으로 갔어. 그런데 할머니는 젊어진 할아버지를 몰라 본 거야. 할아버지는 답답해서 거울을 보았고 자신이 젊어졌다는 사실을 알았어. 할아버지는 모든 사실을 할머니한테 얘기하고 다음날 할머니도 샘물을 마셔서 젊어졌대. 이 소문은 온 동네에 퍼졌고 이웃마을 욕심쟁이 할아버지도 알게 되었대. 욕심쟁이 할아버지도 옹달샘을 찾아갔는데 아무리 기다려도 욕심쟁이 할아버지가 오지를 않았대.

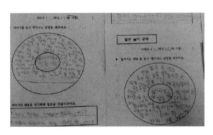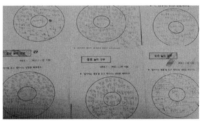

이야기의 내용을 들으며 기록한 낱말 서클맵

4. 질문 릴레이(4명 구성, 모둠 하브루타)

S1 : 할아버지 할머니는 왜 자식이 없었나요?

S2 : 할아버지와 할머니는 왜 가난했나요?

S3 : 파랑새는 왜 할아버지를 깊은 숲속으로 데려갔을까요?

S4 : 왜 산속에 옹달샘이 있었을까요?

S1 : 할아버지는 왜 땔나무를 했을까요?

S2 : 할머니가 할아버지를 몰라 볼 때 할아버지는 어떤 기분이었을까요?

S3 : 젊게 변한 할아버지는 어떤 기분이었을까요?

S4 : 왜 옹달샘을 마시면 잠이 들까요?

S1 : 할아버지는 왜 욕심쟁이 할아버지에게 옹달샘이 있는 곳을 알려 주었을까요?

S2 : 욕심쟁이 할아버지는 어떻게 되었을까요?

S3 : 욕심쟁이 할아버지도 샘물을 마셨을까요?

S4 : 옹달샘을 마시면 왜 젊어질까?

S1 : 욕심쟁이 할아버지는 왜 욕심쟁이가 되었을까?

S2 : 젊어지는 샘물이 실제로 있다면 어떤 일이 생길까?

S3 : …

5. 질문 릴레이의 질문에 대한 질문 꼬리잡기

-질문 : 할아버지와 할머니는 왜 자식이 없었나요?(짝 하브루타)

S1 : 할아버지 할머니는 왜 자식이 없었을까?

S2 : 할아버지와 할머니가 늦게 결혼을 해서 자식이 없는 것 같아.

S1 : 왜 늦게 결혼했을 거라 생각했어? (질문 꼬리잡기 1회)

S2 : 할아버지와 할머니는 가난하다고 했으니까 할아버지한테 시집 올 여자가 없었을 것 같아.

S1 : 그럼 할머니를 늦게 만났다는 거니? (질문 꼬리잡기 2회)

S2 : 응. 파랑새가 할아버지 할머니가 불쌍해서 옹달샘을 마시게 한 것 같아.

S1 : 옹달샘을 마시고 젊어지게 하려고? (질문 꼬리잡기 3회)

S2 : 응. 젊어지면 아기를 낳을 수 있잖아. 너는 왜 할아버지 할머니가 자식이 없었
     다고 생각하니?

S1 : 자식이 있었는데 어렸을 때 잃었을 것 같아.

S2 : 왜 자식을 잃었을 거라 생각했어? (질문 꼬리잡기 1회)

S1 : 왜냐하면 옛날에는 병에 걸리면 고치지 못하고 죽는 경우가 많았잖아.

S2 : 그럼 할아버지 할머니에게는 병에 걸린 아이 말고는 또 없었을까? (질문 꼬
     리잡기 2회)

S1 : 응. 없었을 것 같아. 그래서 파랑새가 할아버지를 불쌍히 생각했을 거야.

S2 : 파랑새가 왜 할아버지를 불쌍하게 생각했을까? (질문 꼬리잡기 3회)

S1 : 파랑새를 보고 잡으려 하지 않고 무척 친절하게 말한 걸 봐서는 할아버지는
     평소 무척 착했을 거고 그래서 아기를 낳게 하고 싶었을 것 같아.

-질문 : 왜 옹달샘을 마시면 잠이 들까요?(짝 하브루타)

S1 : 옹달샘을 마시면 왜 모두 잠이 들었을까?

S2 : 옹담샘에는 잠이 오는 약 같은 것이 들었나 봐.

S1 : 그럼 왜 옹달샘에 잠이 오는 약이 들었을까? (질문 꼬리잡기 1회)

S2 : 갑자기 자기 자신이 변하는 모습을 보면 너무 놀랄 것 같아서야.

S1 : 할아버지는 할머니가 젊게 변하는 모습을 봤을 것 같은데? (질문 꼬리잡기 2
     회)

S2 : 응. 그렇지만 할아버지는 이미 할머니가 젊어질 것이라는 걸 알고 있었으니

까 놀라지는 않았을 거야. 그럼 너는 옹달샘을 마시면 왜 잠이 들었다고 생각하니?

S1 : 내 생각에는 잠이 들었다는 것은 마취제 같은 거라고 생각해.

S2 : 왜 마취제라고 생각했어? (질문 꼬리잡기 1회)

S1 : 지금도 성형 수술 같은 거 할 때 아프지 말라고 마취를 하기 때문이야.

S2 : 그럼 아픈 걸 못 느끼게 하기 위해 잠이 온다는 거니? (질문 꼬리잡기 2회)

S1 : 응. 젊게 모습이 변하려면 그만큼 아플 것 같아. 그렇지만 잠이 들면 잘 모르잖아.

- 질문 : 욕심쟁이 할아버지는 어떻게 되었을까요?(뒷이야기 상상하기 짝 하브루타)

S1 : 욕심쟁이 할아버지는 어떻게 되었을까?

S2 : 샘물을 너무 마시고 기절해 있을 것 같아.

S1 : 왜 기절을 했을 거라 생각하니? (질문 꼬리잡기 1회)

S2 : 착한 사람은 잠을 자게 하는데 욕심쟁이는 잠을 못 자게 해서 너무 아팠을 것 같아.

S1 : 그럼 욕심쟁이 할아버지는 깨어날 수 있었을까? (질문 꼬리잡기 2회)

S2 : 응. 나중에는 깨어나서 자신의 잘못을 뉘우쳤겠지. 그럼 너는 할아버지가 어떻게 되었다고 생각하니?

S1 : 내 생각에는 욕심쟁이 할아버지가 완전히 더 늙어서 움직이기도 어려운 꼬부랑할아버지가 되어 있을 것 같아.

S2 : 왜 더 늙어졌다고 생각했어? (질문 꼬리잡기 1회)

169

S1 : 옹달샘은 착한 사람은 젊게 하지만 욕심을 부리는 사람에게는 더 늙어지게

하는 마법의 샘물이기 때문이야.

S2 : 그럼 샘물을 먹고 젊어지는 사람은 착한 마음씨를 가진 사람이고 늙어지는

사람은 욕심이 많은 사람이라는 거니? (질문 꼬리잡기 2회)

S1 : 응. 옹달샘 소문이 여기저기 퍼졌으니까 옹달샘을 마시려는 사람이 아주 많

았겠지. 그런데 욕심을 부리지 않고 조금 마신 사람은 젊어졌고 욕심을 부려

서 많이 마신 사람은 모두 더 늙어졌을 것 같아.

질문 릴레이를 하기 위해 쓴 질문들

짝과 함께 질문 릴레이를 하는 모습

6. 뒷이야기 듣기

젊은 할아버지 할머니 부부가 산속 옹달샘에 가 보았더니 욕심쟁이 할아버지 옷

을 입은 갓난아기가 울고 <u>있었지요.(있었을까요?)</u>

"이런! 물을 너무 많이 마셔서 갓난아기가 되고 말았네. 우리가 데려다 키웁시다."

젊은 할아버지 할머니 부부는 아기와 함께 오래오래 잘 <u>살았대요.(살았을까요?)</u>

7. 돌발 질문에 대한 생각 나누기

S : '오래오래 잘 살았을까요?'라고 뒷이야기를 질문으로 들으니까 갑

이야기 듣고 상상하여 그리기

자기 궁금한 질문이 떠올랐어요. 아기가 된 욕심쟁이 할아버지는 나중에 자라서 착하게 자랐을까요? 아니면 욕심쟁이가 되었을까요?(돌발 질문에 대한 의견을 전체 하브루타하기)

S1 : 착하게 자랐을 거라고 생각해요. 왜냐하면 할아버지 할머니가 착하니까 아이도 착하게 키웠을 거예요.

S2 : 저도 착하게 자랐을 거라고 생각해요. 왜냐하면 할아버지 할머니가 교육을 시켜서 착하게 자랐을 것 같아요.

S3 : 저는 다시 욕심쟁이가 되었을 것 같아요. 왜냐하면 '세 살 버릇 여든까지 간다.'는 속담이 있듯이 다시 자라면서 욕심쟁이 습관은 버리지 못했을 거라 생각하기 때문입니다.

S4 : 저도 욕심쟁이로 자랐을 거라 생각해요. 왜냐하면 할아버지 할머니는 젊어졌으니까 아기들을 더 낳았을 것 같아요. 아기였던 욕심쟁이도 형제들과 지내면서 욕심이 다시 생겨났을 것 같아요.

8. 경험과 연결한 생각 나누기

경험이 있는 학생이 친구들 앞에 나와 경험을 말하면 다른 질문자가 손을 들고 대답에 대한 질문을 하는 식으로 계속해서 질문과 대답을 이어 간다.(질문 꼬리잡기 놀이)

- 질문 : 나이를 바꾸는 샘물이 있다면 몇 살이 되고 싶은가요?(전체 하브루타)

S1 : 저는 나이를 바꾸는 샘물이 있다면 한 살이 되고 싶어요.

S2 : 왜 한 살이 되고 싶은가요?

S1 : 엄마가 저한테만 관심을 주기 때문입니다.

S3 : 지금은 엄마가 관심을 주지 않나요?

S1 : 저는 동생이 두 명 있는데 지금은 저보다는 동생들한테 더 관심이 많아요.

S4 : 동생이 어리니까 엄마가 관심을 주는 것이 아닌가요?

S1 : 그걸 알면서도 때론 서운할 때가 있습니다.

S5 : 저는 나이를 바꾸는 샘물이 있다면 서른 살이 되고 싶어요.

S6 : 왜 서른 살이 되고 싶은가요?

S5 : 엄마의 잔소리 없이 제가 하고 싶은 걸 마음껏 할 수 있기 때문입니다.

S7 : 엄마의 잔소리 없이 마음껏 하고 싶은 것은 무엇인가요?

S5 : 게임입니다.

S8 : 어른이 되면 일도 해야 하고 결혼해서 아이도 키워야 하는데 게임만 할 시간이 있을까요?

S5 : 엄마의 잔소리 없이 시간 날 때 게임을 하면 됩니다.

S9 : 그때는 부인이 잔소리하지 않을까요? (모두 웃음)

S10: 저는 나이를 바꾸는 샘물이 있다면 스무 살이 되고 싶어요.

S11 : 왜 스무 살이 되고 싶은가요?

S10: 제가 친해지고 싶은 오빠가 있는데 그 오빠가 스무 살이기 때문입니다.

S12: 그 오빠는 어디에서 보았나요?

S10: 교회 주일학교 선생님입니다.

S13: 그 오빠와 왜 친해지고 싶은가요?

S10: 재미있고 친절하고 그리고 무척 잘생겼습니다. (모두 웃음)

9. 알게 된 사실, 배운 내용 나누기

-질문 : 알게 되었거나 배운 점은 무엇인가요?(전체 하브루타)

S1 : 친구들과 질문 릴레이를 해 보니 질문이 정말 많이 나올 수 있다는 것이 신기했고 제가 생각하지 못한 질문을 알 수 있었어요.

S2 : 질문 꼬리잡기를 통해 친구들의 생각을 잘 알 수 있었어요.

S3 : 친구들의 생각을 들어 보니 저와 비슷한 점도 있고 다른 점도 있다는 걸 알았어요.

S4 : 이야기로 질문 놀이를 하니까 이야기 내용도 더 잘 알게 되고 더 재미있어서 시간 가는 줄 몰랐어요.

S5 : 책을 읽고 나서 더 이상 읽지 않고 덮어 두었는데 이제부터는 책을 읽고 질문 놀이를 꼭 해 봐야겠어요.

S6 : 질문 놀이를 하니까 생각을 잘하려 애쓰게 되고 친구들의 생각을 잘 들으니까 많은 걸 배우게 되어서 친구에게 고마운 마음이 생겼어요.

S7 : 학교에 오면 친구한테 많이 배운다는 사실이 실감났어요.

S8 : 제가 무척 똑똑해지고 있다는 느낌이 들어서 기분이 좋아요.

전래 동화 질문 놀이 2

다음은 1학년과 전래 동화로 하브루타 질문 놀이 수업을 했던 사례이다. 1학년 아이들은 하브루타 질문 놀이를 처음 접하기 때문에 아주 쉽고도 재미있는 질문 놀이 몇 가지를 반복해서 해 보고 '송아지와 바꾼 무' 이야기를 통해 생각을 나눌 수 있는 질문 놀이를 했더니 매우 흥미 있어 했다.

질문 놀이 수업의 흐름

듣기 전	1	이야기의 한 장면을 보고 질문 꼬리잡기
듣기 중	2	이야기 들으며 질문하기
듣기 후	3	질문 빙고 놀이(모둠 하브루타)
	4	질문 빙고 놀이의 질문에 대한 질문 꼬리잡기(짝 하브루타)
	5	뒷이야기 듣기
	6	이야기 상상하여 그리기
배움 후	7	경험과 연결한 생각 나누기(전체 하브루타)
	8	알게 된 사실, 배운 내용 나누기(전체 하브루타)

1. 이야기의 한 장면을 보고 질문 꼬리잡기

- 이야기의 제목이 무엇일까?

- 이야기는 어떤 내용일까?

- 아저씨가 지게에 짊어지고 있는 것은 무엇일까?

- 아저씨는 왜 무를 지고 있을까?

- 아저씨는 무를 지고 어디로 가는 걸까?

- 아저씨는 큰 무를 어디에서 구했을까?

S1 : 이야기의 제목은 무엇일까?

S2 : 내 생각엔 '아저씨와 큰 무'인 것 같아.

S1 : 왜 그런 제목을 생각했어?

S2 : 제목은 이야기에 나오는 사람이나 물건 이름으로 하는데 그림을 보니까 아저
씨와 큰 무가 나오잖아.

S1 : 그럼 이야기는 어떤 내용인지 생각해 봤니?

S2 : 어릴 때 비슷한 책을 읽었는데 지금은 잘 생각이 안 나. 농부아저씨가 농사를
지어서 큰 무를 얻어 마을 원님한테 갖다 주어 상을 받았다는 이야기인가?

2. 이야기 들으며 질문하기

- 제목은 미리 알려 주지 말고 이야기를 들으며 상상하기
- 뒷부분은 읽지 않고 상상 하브루타 후 읽어 주기
- 질문으로 바꾸어 읽을 때 '스톱' 하고 궁금한 내용 질문하기

〈송아지와 바꾼 무〉

옛날 어느 고을에 부지런한 농부가 <u>살았어요.(살았나요?)</u>

농부는 새벽부터 밤까지 쉬지 않고 농사일을 <u>했지요.(했나요?)</u>

학생 질문 : 농부는 왜 쉬지 않고 일했나요?

"저처럼 부지런한 사람이 세상에 또 있을까?"

"그뿐인가? 어려운 사람을 돕는 착한 사람이지."

마을 사람들은 침이 마르도록 농부를 <u>칭찬했어요.(칭찬했나요?)</u>

학생 질문 : 농부는 왜 어려운 사람들을 도와주었을까요?

학생 질문 : 농부는 자신도 가난한데 왜 어려운 사람을 도왔을까요?

농부가 한 해는 밭에 무를 <u>심었어요.(심었나요?)</u>

거름을 듬뿍 주고 열심히 김을 <u>매 주었어요.(매 주었나요?)</u>

학생 질문 : 김을 매 준다는 게 무슨 뜻인가요?

얼마나 정성스레 농사를 지었는지 무는 쑥쑥 <u>자랐어요.(자랐나요?)</u>

가을이 되어 밭에서 무를 뽑았을 <u>때입니다.(때입니까?)</u>

학생 질문 : 농부는 커다란 무를 어떻게 뽑았을까요?

학생 질문 : 농부는 커다란 무를 혼자서 뽑았을까요?

"세상에 사람 키만 한 무라니!"

농부는 벌어진 입을 다물지 못했어요.(못했나요?)

그처럼 커다란 무는 처음 보았거든요.(보았나요?)

"이렇게 크고 잘생긴 무를 내가 먹을 순 없지."

농부는 커다란 무를 지게에 지고 사또를 찾아갔어요.(찾아갔나요?)

"사또께 이 무를 바치겠습니다."

학생 질문 : 농부는 커다란 무를 왜 사또에게 바쳤을까요?

커다란 무를 본 사또의 눈이 휘둥그레졌어요.(휘둥그레졌나요?)

"열심히 농사지어 얻은 귀한 무를 내게 주다니 정말 고맙구나!"

사또는 기뻐하며 이방을 불렀어요.(불렀나요?)

"요즘 들어온 것 중에 귀한 것이 무엇이 있느냐?"

사또가 이방에게 물었어요.(물었나요?)

"송아지가 있사옵니다."

"그렇다면 송아지를 농부에게 주도록 하라."

사또가 이방에게 일렀어요.(일렀나요?)

잘생기고 힘이 세어 보이는 누런 송아지였지요.(송아지였나요?)

학생 질문 : 농부는 송아지를 받고 어떤 기분이 들었을까요?

학생 질문 : 농부는 송아지를 그냥 받아 왔을까요?

농무가 무 하나로 송아지를 얻었다는 소문이 동네방네 퍼졌어요.(퍼졌나요?)

이웃마을에 사는 욕심쟁이 농부는 샘이 나서 견딜 수가 없었어요.(없었나요?)

학생 질문 : 욕심쟁이 농부도 농부인데 어떻게 부자가 되었을까요?

욕심쟁이 농부는 속으로 열심히 궁리했어요.(궁리했나요?)

'송아지를 바치면 금덩이를 얻을지 모르지!'

금덩이 아니면 너른 땅을 얻을 것으로 생각했지요.(생각했나요?)

이튿날 욕심쟁이 농부는 사또를 찾아갔어요.(찾아갔나요?)

"이렇게 훌륭한 송아지를 얻은 건 다 사또 덕입니다."

욕심쟁이 농부는 머리를 조아리며 송아지를 바쳤어요.(바쳤나요?)

학생 질문 : 욕심쟁이 농부는 무엇을 받았을까요?

학생 질문 : 뒷이야기는 어떻게 되었을까요?

학생 질문 : 옛날이야기에는 왜 착한 사람과 욕심쟁이가 나올까요?

3. 질문 빙고 놀이

질문 빙고 놀이 (가로 또는 세로 중 원 빙고 승!)		
	1. 농부는 커다란 무를 어떻게 뽑았을까?	
2. 농부는 왜 어려운 사람을 도왔을까?	3. 옛날이야기에는 왜 착한 사람과 욕심쟁이가 나올까?	4. 욕심쟁이 농부는 무엇을 받았을까?
	5. 농부는 송아지를 받고 어떤 기분이 들었을까?	

질문 빙고 놀이 (가로 또는 세로 중 원 빙고 승!)		
	1. 욕심쟁이 농부는 무엇을 받았을까?	
2. 농부는 큰 무를 왜 사또에게 바쳤을까?	3. 농부는 자신도 가난한데 왜 어려운 사람을 도왔을까?	4. 욕심쟁이 농부는 어떻게 부자가 되었을까?
	5. 옛날이야기에는 왜 착한 사람과 욕심쟁이가 나올까?	

S1 : 농부는 자신도 가난한데 왜 어려운 사람을 도왔을까?

S2 : 농부는 커다란 무를 어떻게 뽑았을까?

S3 : 농부는 커다란 무를 왜 사또에게 바쳤을까?

S4 : 농부는 송아지를 받고 어떤 기분이 들었을까?

S5 : 욕심쟁이 농부도 농부인데 어떻게 부자가 되었을까?

S6 : 욕심쟁이 농부는 무엇을 받았을까?

S7 : 뒷이야기는 어떻게 되었을까?

S8 : 옛날이야기에는 왜 착한 사람과 욕심쟁이가 나올까?

S9 : 옛날이야기에는 왜 부자는 욕심쟁이고 착한 사람은 가난했을까?

S1 : 원 빙고!

4. 질문 빙고 놀이의 질문에 대한 질문 꼬리잡기

-질문 : 농부는 자신도 가난한데 왜 어려운 사람을 도왔을까요?(짝 하
브루타)

S1 : 농부는 자신도 가난한데 왜 어려운 사람을 도왔을까?

S2 : 농부는 착한 마음을 가졌기 때문이야.

S1 : 농부가 어떻게 착한 마음을 가지게 되었을까? (질문 꼬리잡기 1회)

S2 : 농부의 부모님이 어릴 때부터 착하게 살아야 한다고 가르쳤겠지.

S1 : 그럼 농부의 부모님도 남을 도와주었을까? (질문 꼬리잡기 2회)

S2 : 그랬을 거라 생각해, 왜냐하면 자식이 보고 배우는 거니까.

S1 : 농부는 어떻게 어려운 사람을 도왔을까? (질문 꼬리잡기 3회)

S2 : 옛날이니까 돈을 주는 것보다 쌀과 음식을 주고 옷도 주었을 것 같아.

S1 : 농부에게 도움을 받은 사람들은 어떤 마음이 들었을까? (질문 꼬리잡기 4회)

S2 : 매우 고맙게 생각하고 농부를 존경했을 것 같아.

-질문 : 욕심쟁이 농부는 무엇을 받았을까요?(짝 하브루타)

S1 : 욕심쟁이 농부는 무엇을 받았을까?

S2 : 아무것도 받지 못하고 곤장을 맞았을 것 같아.

S1 : 왜 아무것도 받지 못하고 곤장을 맞았다고 생각하니? (질문 꼬리잡기 1회)

S2 : 사또가 무를 주려고 하니까 욕심쟁이 농부가 무는 싫다고 하면서 금을 달라
고 했을 것 같아.

S1 : 왜 금을 달라고 했을까? (질문 꼬리잡기 2회)

S2 : 무를 갖다 준 농부에게는 송아지를 주었으니까 자기한테도 송아지보다 더 비

싸고 좋은 것을 달라고 떼를 썼겠지.

S1 : 그럼 사또가 어떻게 했을까? (질문 꼬리잡기 3회)

S2 : 사또가 금을 안 주니까 욕심쟁이 농부는 그럼 자기가 준 송아지를 돌려 달라고 했을 것 같아.

S1 : 아, 그럼 사또가 욕심쟁이 농부의 마음을 알게 되었겠네? (질문 꼬리잡기 4회)

S2 : 응. 그래서 사또가 욕심쟁이 농부에게 벌로 곤장을 때렸을 거야.

S1 : 곤장을 맞고 욕심쟁이 농부는 착하게 살았을까? (질문 꼬리잡기 5회)

S2 : 내 생각에는 욕심쟁이 농부는 억울해서 더 나쁜 마음을 먹었을 것 같아.

S1 : 곤장을 맞고 후회하지 않았을까? (질문 꼬리잡기 6회)

S2 : 욕심쟁이 농부가 착한 마음을 갖기는 어려울 것 같아.

-질문 : 옛날이야기에는 왜 착한 사람과 욕심쟁이가 나올까요?(짝 하브루타)

S1 : 옛날이야기에는 왜 착한 사람과 욕심쟁이가 많이 나올까?

S2 : 옛날이야기에는 착한 사람은 나중에 잘되고 욕심쟁이는 벌을 받으니까 착하게 살라는 교훈을 주는 것 같아.

S1 : 그런데 왜 착한 사람은 가난하고 욕심쟁이는 부자일까? (질문 꼬리잡기 1회)

S2 : 착한 사람은 남을 많이 도와주니까 부자가 될 수 없고 욕심쟁이는 더 많이 가지려고 욕심을 부려서 더 큰 부자가 되었겠지.

S1 : 그럼 지금도 부자들은 모두 욕심쟁이들일까? (질문 꼬리잡기 2회)

S2 : 지금은 꼭 그렇다고 생각할 수는 없어. 부자도 남을 많이 도와주잖아.

S1 : 너는 착하고 가난한 사람과 부자인데 욕심쟁이 중 어떤 사람이 되고 싶니?

　(질문 꼬리잡기 3회)

S2 : 나는 착하고 부자인 사림이 되고 싶어. (웃음)

5. 뒷이야기 듣기

욕심쟁이 농부는 머리를 조아리며 송아지를 <u>바쳤어요.</u>(바쳤나요?)

"이처럼 귀한 송아지를 내게 주다니!"

사또는 이방에게 그즈음 들어온 것 중에 가장 귀한 것을 농부에게 <u>주라고 했어</u>

<u>요.</u>(주라고 했나요?)

욕심쟁이 농부가 무엇을 얻었을까요?

부지런한 농부가 바친 커다란 무를 <u>받았어요.</u>(받았나요?)

괜한 욕심으로 송아지만 잃게 <u>되었지요.</u>(잃게 되었나요?)

6. 이야기 상상하여 그리기

이야기 듣고 상상하여 그리기

182

7. 경험과 연결한 생각 나누기

경험이 있는 학생이 친구들 앞에 나와 경험을 말하면 다른 질문자가 손을 들고 대답에 대한 질문을 하는 식으로 계속해서 질문과 대답을 이어 간다.(질문 꼬리잡기 놀이)

-질문 : 욕심을 부렸던 경험이 있었나요?(전체 하브루타)

S1 : 저는 동생이랑 레고를 가지고 놀다가 욕심을 부렸던 경험이 있어요.

S2 : 왜 레고를 가지고 놀다가 욕심을 부렸나요? (질문 꼬리잡기 1회)

S1 : 제가 만들고 싶은 걸 만들려고 레고를 더 많이 가지려고 했더니 동생이 울었어요.

S3 : 동생이 우는데도 레고를 더 많이 가졌나요? (질문 꼬리잡기 2회)

S1 : 동생이 우는 바람에 엄마한테 혼나서 놀이를 못했어요.

S4 : 그때의 기분은 어땠나요? (질문 꼬리잡기 3회)

S1 : 그 당시에는 동생한테 잘못했다는 생각보다 동생이 울어서 엄마한테 나만 혼났다는 생각에 억울했고 동생이 미웠어요.

S5 : 지금도 동생이 미운가요? (질문 꼬리잡기 4회)

S1 : 동생이 밉지는 않지만 동생이랑 놀이를 하다 보면 지금도 가끔 욕심을 부리게 돼요. (모두 웃음)

S6 : 저는 오빠와 어제 아이스크림을 가지고 욕심을 내서 싸웠어요.

S7 : 왜 아이스크림으로 욕심을 부렸나요? (질문 꼬리잡기 1회)

S6 : 아빠가 아이스크림을 사 오셔서 고르는데 오빠가 먼저 죠스바를 골랐어요. 죠스바는 제가 제일 좋아하는 아이스크림이거든요.

S8 : 죠스바가 하나밖에 없었나요? (질문 꼬리잡기 2회)

S6 : 네. 하나뿐이었어요.

S9 : 오빠는 다른 걸 고를 수도 있었는데 왜 죠스바를 골랐나요? (질문 꼬리잡기 3
회)

S6 : 제가 죠스바를 제일 좋아한다는 걸 알면서 죠스바를 고른 걸 보니 저를 골탕
먹이려고 그런 것 같았어요.

S10: 그래서 계속 오빠와 싸웠나요? (질문 꼬리잡기 4회)

S6 : 아빠가 혼내셔서 오빠가 화내면서 저한테 양보했어요.

S11 : 그때의 기분은 어땠나요?

S6 : 양보를 해 준 오빠가 고맙기보다는 서운한 마음이 더 많았어요.

S12 : 지금도 서운한 마음이 드나요?

S6 : 아니요. 오빠도 죠스바를 먹고 싶을 수 있는데 저만 좋아한다고 생각하며 욕
심 부린 것은 제가 잘못이란 생각이 들었어요.

S13: 그럼 오빠한테 미안하다고 사과할 수 있나요?

S6 : 집에 가서 오빠한테 미안하다고 말하고 이제부터는 욕심을 부리지 않을 거예
요.

8. 알게 된 사실, 배운 내용 나누기

-질문 : 알게 되었거나 배운 점은 무엇인가요?(전체 하브루타)

S1 : 욕심을 부리면 안 된다는 것을 알았어요.

S2 : 앞으로 더욱 착하게 살아야겠다고 다짐했어요.

S3 : 친구들의 생각을 들어 보니 저와 비슷한 생각을 하는 친구들이 많아서 기분

이 좋았어요.

S4 : 착한 사람은 성공하고 욕심을 부리면 벌을 받으니까 저도 착하게 살래요.

S5 : 책을 읽고 나서는 꼭 질문 놀이를 해서 생각주머니를 크게 하고 싶어요.

S6 : 짝이 질문을 잘해 주고 대답도 친절하게 해 주어서 고마웠어요.

S7 : 질문 놀이를 친구들과 하니까 친구들과 사이가 더 좋아진 것 같아요.

S8 : 친구들과 질문하고 대답하느라 시간 가는 줄 몰랐어요.

S9 : 이야기에는 질문 보따리가 숨겨져 있나 봐요. 이야기를 들으니 질문이 막 쏟아져 나와요.

영어 동화 질문 놀이

다음은 6학년과 영어 동화책으로 질문 놀이를 했던 정희숙 선생님의 수업 사례이다. 정희숙 선생님은 오랜 교직 생활 동안 영어 수업을 하면서 영어 동화를 수업 속에서 녹여 내고 싶었지만 그 활동이 쉽지 않았다고 했다. 그런데 하브루타 질문 놀이를 접하면서 영어 동화 수업을 훨씬 깊이 있고 풍성하게 만들 수가 있었고, 영어 동화를 통해 학생들 스스로 독후 활동을 선택하여 활동해야 해서 책을 읽고 내용을 이해하는 시간에도 학생들의 태도가 매우 진지하고 주도적으로 바뀌었다고 한다.

또한 다양한 질문 놀이를 통하여 영어책에 나오는 어려운 어휘들을 자연스럽게 습득하며 친구들과 함께 놀이를 함으로써 학습량이 많아져도 즐겁게 공부하는 모습을 볼 수 있었다고 한다. 아울러 간단한 질문 놀이

게임에서 토의·토론까지 연결되려면 학생들이 다양한 생각을 할 수 있어야 하는데 질문으로 책의 내용을 더 깊이 이해할 수 있어서 학생들 스스로 논제를 정하고 토론을 진행하는 것이 가능했다고 한다.

하브루타 질문 놀이를 영어 수업에 적용함으로써 나타난 가장 큰 변화는 바로 학생들이 수업의 주인공이 된다는 사실과, 교사가 재료를 준비해 주면 그것을 탐구하고 학습으로의 연결을 매개하는 주체가 바로 학생들 자신이 된다는 것이라고 한다. 또한 교사가 질문을 일방적으로 할 때보다 학생이 직접 질문하게 되어 질문의 양뿐만 아니라 내용의 질이 훨씬 높아짐을 알게 되었다고 한다.

다음은 정희숙 선생님이 영어 동화 '17 Things I'm not allowed to do anymore'(Jenny Official & Nancy Carpenter)로 질문 놀이 수업(2차시 분량)을 했던 내용을 간단히 옮긴 것이다. 공공시설에서 지켜야 할 예절에 관한 9단원 학습을 마치고 심화 활동으로 수업 주제와 관련된 영어 동화책을 읽고 모둠별로 질문 놀이할 내용들을 학생 스스로 준비하여 수업 활동을 계획하고 구상하였다고 한다.

하브루타 질문 놀이 수업 과정안

활용 동화	17 Things I'm not allowed to do anymore (Jenny Official & Nancy Carpenter)	
주요 덕목	생활 속 규칙	
관련 덕목	매너, 존중, 예의, 규칙이나 의무 등	
학습 목표	내가 생활 속에서 지켜야 할 규칙을 말할 수 있다.	
핵심 질문	내가 생활 속에서 지키지 못한 규칙들은 무엇인가? 규칙을 실천하기 위해 노력할 점은 무엇인가?	
수업 의도 및 Tip	배움 중심 활동	공감하기 : 동화의 내용과 자신의 생활을 비교하며 생활 속에서 지켜야 할 규칙을 실천하려는 의지를 갖게 한다. 소통하기 : 핵심, 주제 질문 중심의 짝(모둠) 하브루타를 통해 생각과 느낌을 나누게 한다. 협력하기 : 생각을 표현하고 나누는 과정에서 친구와 상호 협력할 수 있게 한다.
	하브루타 질문 놀이 방법	질문 주사위 놀이, 질문 꼬리잡기, 질문 릴레이
	적용 학년	고학년
	소요 시간	80분 구성(총 2차시)

하브루타 과정		수업 내용	핵심 / 주제 질문
도입 하브 루타 (10′)	준비	◎ 지난 시간에 배운 내용 복습하기 ◎ 제목과 표지 보고 질문 나누기 ◎ 주요 어휘 및 스토리 간단히 소개하기 ◎ 동화책 내용 듣기 ◎ 배움 문제 : 내가 생활 속에서 지켜야 할 규칙을 말할 수 있다. -내가 생활 속에서 지키지 못한 규칙들은 무엇인가?(핵심 질문) -규칙을 실천하기 위해 노력할 점은 무엇인가?(핵심 질문)	-이야기는 어떤 내용일까? -내게 더 이상 허락되지 않는 것들은 무엇일까?
내용 하브 루타 (20′)	내용 이해	◎ 이야기 내용 이해하기(서클맵으로 주요 낱말 쓰기) -17 things, allowed, anymore, pillow, slippers, hyenas, backward, beavers, magnifying glass, ice cube, cauliflower, volcano, pretend, deaf ◎ 5W1H 질문 만들기 -글의 내용을 생각하며 주인공에 대한 질문 만들기 -학습지에 자신이 만든 질문 쓰고 모둠친구들과 살펴보기 ◎ 5W1H 질문 주사위 놀이(모둠) -모둠 친구들과 번갈아 가며 주사위를 던져서 나오는 의문사를 가지고 질문하고 답하기 -Why, when, what, who, where, how ◎ 짝 하브루타 -짝과 함께 주사위놀이로 정해진 질문으로 대화하기 -질문 꼬리잡기로 생각을 깊게 하기 (Tip : 학생1이 질문하기→학생2가 대답하기→학생1이 재질문하기→학생2가 다시 대답하기. 재질문과 대답을 3회 실시)	-17가지 더 이상 허락되지 않는 것들은 무엇일까? -학교를 왜 거꾸로 걸어서 가려고 했을까? -동생의 머리카락을 베개에 스테이플러로 찍으면 어떻게 될까? -100마리의 비버를 가지고 있다고 거짓말 하려 한 이유는 무엇일까?

188

심화 하브 루타 (20′)	상상	◎ 질문 역할 놀이하기(모둠 하브루타) -등장인물들의 질문과 대답을 역할 놀이로 꾸며 발표하기 -각 장면별로 주인공의 문제 행동 원인과 고쳐야 할 점 생각하기 -다른 모둠의 역할 놀이를 보고 주인공이 해당 장면에서 했어야 하는 행동이나 규칙 등에 대해 이야기해 보기 -생활 속 규칙을 지키기 위해서 주인공이 더 노력해야 할 것에 대해 이야기해 보기	-주인공이 동생의 신발 바닥에 풀을 칠한 것을 어떻게 생각하는가? -주인공은 왜 친구의 신발을 돋보기를 이용해서 태우려고 했을까? -주인공이 이렇게 엉뚱한 행동을 하는 이유는 무엇일까?
적용 하브 루타 (15′)	적용	◎ 자신의 경험 나누기(찾아가는 짝 하브루타) -주인공과 같이 다른 사람의 입장을 고려하지 못하고 행동한 경험 나누기 -주인공과 같이 엉뚱한 행동을 하는 친구로 인해 곤란했던 경험 나누기 (질문꼬리 잡기로 경험을 풍부하게 나눌 수 있게 함)	-주인공같이 다른 사람의 입장과 상관없이 행동했던 적이 있니? -다른 사람의 입장을 고려하면서 생활하기 위해서는 어떻게 해야 할까?
메타 하브 루타 (15′)	종합	◎ 쉬우르 -주인공의 생각과 행동을 통해 생활 속에서 서로의 입장을 존중하고 규칙을 지키는 것이 중요함을 알기 -배움 문제와 관련해 알게 된 점, 실천할 내용을 배움 공책에 정리하기	-내가 생활 속에서 지키지 못한 규칙들은 무엇인가?(핵심 질문) -규칙을 실천하기 위해 노력할 점은 무엇인가?(핵심 질문)

하브루타 질문 놀이 수업 활동 모습

영어 동화책 함께 읽기

질문 놀이 준비하기

질문 역할 놀이하기

질문 역할 놀이하기

질문 꼬리잡기

03
시(詩)와 하브루타
질문 놀이 컬래버레이션

20여 년 교직 생활을 하면서 만화, 그림책, 동화책, 위인전을 읽는 아이들은 봐 왔어도 시집을 읽는 아이는 거의 본 적이 없다. 나도 중학교 1학년 때 국어 선생님이 매 시간마다 시 한 편을 소개하며 낭송해 주신 덕분에 시에 관심을 갖게 되어 도서관에서 시집을 빌려 읽었던 기억이 있을 뿐, 초등학교 시절에 한 권의 시집을 온전히 읽기는커녕 한 편의 시를 읽고 깊은 감동을 받아 본 기억도 없다. 그런데 어린 시절 동네 아이들과 어울려 놀면서 목청껏 부르던 노래들이 시가 됨을 생각하면 놀이와 노래 그리고 시는 결국 '하나'라는 생각이 든다.

'어깨동무 씨동무 보리가 나도록 놀아라 동무동무 씨동무 보리가 나도록 놀아라'

'우리 집에 왜 왔니? 왜 왔니? 왜 왔니? 꽃 찾으러 왔단다 왔단다 왔단다 무슨 꽃을 찾으러 왔느냐 왔느냐 ㅇㅇ꽃을 찾으러 왔단다 왔단다 가위바위보'

'리리리 자로 끝나는 말은 개나리 미나리 보따리 유리 항아리'

어쩌면 국어 교과에서 키우려는 '누리며 즐기는' 문화 향유 역량은 시를 통해 시인의 감정을 이입시키고 배경을 설명하며 시의 형식, 재미있는 부분, 비유되는 말, 감동적인 부분을 찾는 과정보다 일상생활 속에서 시와 함께 놀고 노래 부르게 하여 자연스럽게 자랄 수 있다고 생각한다. 더불어 시가 삶이 되고 삶이 시가 될 수 있으면 참 좋겠다는 생각이 든다.

우리는 1학년부터 6학년까지의 국어 교육 과정에서 한 학기에 보편적으로 4~5편의 시를 만날 수 있다. 교과서 속의 시를 그대로 텍스트로 활용할 수도 있지만 학년의 특성을 생각하고 반 아이들이 관심을 보이는 대상에 대한 시로 접근하면 아이들은 시 속에 빠져들고 시의 맛을 제대로 느낄 수 있다.

시의 느낌을 살리는 질문 놀이

다음은 이성에 큰 관심을 보이기 시작하는 5학년 학생들과 정유경의

'비밀'(까불고 싶은 날, 창비)이라는 시와 질문 놀이를 통해 이성에 대한 감정을 자연스럽게 나누었던 사례를 소개하고자 한다.

수업의 흐름

1	시 소개	시 듣기, 시 낭송하기
2	질문 만들기	질문 릴레이(모둠 하브루타)
3	생각 나누기	질문 꼬리잡기(짝 하브루타)
4	경험 나누기	질문 꼬리잡기(전체 하브루타)

1. 시 소개

– 시 읽어 주고 듣기

– 대표 낭송하기, 개인 낭송하기

〈비밀〉

정유경

동네에선 알아주는 싸움 대장

수업 시간엔 못 말리는 수다쟁이

동수 장난이 하도 심해 혀 내두른 아이들도

수십 명은 되지, 아마?

난 도무지 이해가 안 가, 그런 동수를

좋다고 쫓아다니는 여자애들.

아무래도 제 정신이 아닌 것 같아.

참 한심해 보이기도 해.

좋아할 남자가 그리도 없나?

아! 생각만 해도 머리가 아파.

2. 질문 만들기(4명 구성, 모둠 하브루타)

질문 릴레이를 시작할 때는 시에서 질문을 만드는 것이 어렵다며 질문을 쥐어짜듯 천천히 말하더니 릴레이가 한 바퀴 돌고부터는 질문이 봇물 터지듯 쏟아져 나온다. 친구의 질문을 들으니 자신이 미처 생각하지 못했던 새로운 질문이 자꾸자꾸 나온다면서 아이들 스스로도 신기해하며 질문 놀이에 빠져들었다.

S1 : 동수는 학교에서 문제아일까?

S2 : 동수는 왜 이런 문제 행동을 하는 걸까?

S3 : 동수를 좋다고 쫓아다니는 여자애들도 문제가 많을까?

S4 : 여자애들은 왜 동수가 좋다고 쫓아다닐까?

S1 : 동수는 잘생겼을까? (아이들 웃음)

S2 : 동수는 그 학교의 짱일까?

S3 : 여자애들이 좋아하는 걸 보면 동수는 나쁜 남자(츤데레) 스타일인가? (웃음)

S4 : 동수를 쫓아다니는 여자애들을 왜 한심하게 생각할까?

S1 : 왜 생각만 해도 머리가 아플까?

S2 : 제목이 왜 비밀일까?

S3 : 시 속에는 어떠한 비밀이 있는 걸까?

S4 : 시인은 왜 이 시를 썼을까?

S1 : 시의 내용은 시인의 경험일까?

S2 : 시 속의 주인공은 동수를 정말로 싫어하는 걸까?

S3 : 시 속의 주인공이 동수를 좋아하는데 표현을 못해서 비밀이 아닐까?

S4 : 누군가를 몰래 좋아해 본 경험이 있니?

S1 : 우리 반에서 동수와 같은 아이가 누구라고 생각하니?

S2 : 동수는 여자애들한테 관심을 끌려고 문제 행동을 하는 것은 아닐까?

S3 : 네가 만약 시 속의 주인공이라면 동수를 어떻게 대할 것 같니?

S4 : …

3. 생각 나누기(짝 하브루타)

-짝과 함께 생각을 나누어 보고 싶은 질문을 정하기

-질문 꼬리잡기(3회 이상)

-대답하기 곤란한 질문은 패스하고 다른 질문으로 하기

-질문 : 동수는 그 학교의 짱일까?

S1 : 동수는 그 학교의 짱이라고 생각하니?

S2 : 내 생각엔 짱이 틀림없다고 생각해.

S1 : 왜 그렇게 확신을 하니? (질문 꼬리잡기 1회)

S2 : 겉으로 문제를 많이 일으켜도 동수를 좋아하는 여자애가 많잖아.

S1 : 여자애들은 동수가 싸움도 많이 하고 수다쟁이에 장난이 심한데 왜 좋아할
까? (질문 꼬리잡기 2회)

S2 : 그건 동수의 외모 때문일 거야. 동수는 아마도 잘생겼을걸.

S1 : 동수를 좋아하는 여자애들이 제정신이 아닌 것 같다고 했는데 그렇게 단정
지을 수 있을까? (질문 꼬리잡기 3회)

S2 : 시 속의 주인공도 동수한테 관심이 있는 것 같아. 그런데 다른 여자애들처럼
표현을 안 할 뿐이겠지.

S1 : 주인공이 동수한테 관심이 있다는 걸 어떻게 알아? (질문 꼬리잡기 4회)

S2 : 생각만 해도 머리가 아프다고 했잖아. 동수를 그만큼 좋아한다는 것이겠지.
좋아하지 않으면 머리가 아플 이유가 없을 거야.

-질문 : 제목을 왜 비밀이라고 했을까?

S1 : 제목을 왜 비밀이라고 했을까?

S2 : 내 생각엔 동수를 좋아하는 것이 비밀이기 때문인 것 같아.

S1 : 주인공은 다른 여자애들처럼 왜 좋다고 쫓아다니지 않고 비밀로 할까? (질문
꼬리잡기 1회)

S2 : 주인공은 공부를 아주 잘하는데 자기 감정을 잘 표현하지 않고 내성적인 성
격을 가진 것 같아.

S1 : 왜 공부를 잘한다고 생각하니? (질문 꼬리잡기 2회)

S2 : 동수를 좋다고 쫓아다니는 여자애들을 한심하다고 하는 걸 보면 잘난 체하는
스타일이고 그렇게 잘난 체하는 아이들은 공부를 잘하니까….

S1 : 그럼 주인공은 계속해서 속으로만 좋아할까? (질문 꼬리잡기 3회)

S2 : 아마도 그럴 것 같아. 계속해서 혼자만의 비밀로 간직하겠지.

교사: (질문을 통해 힌트를 제공)

　　　시를 잘 보면 비밀을 알 수 있지 않을까요?

S1 : 시 속에서 주인공이 동수를 좋아하는 마음이 비밀이라는 것 말고 비밀이 또 있나요?

교사: 아, 주인공의 마음을 알아냈군요. 그럼 그 마음을 어디에 표현했을까요?

S2 : 어디에? 시 안에 있다는 말씀인가요?

교사: 네. 시 안에 있겠지요?

　　　(질문을 통해 아이들은 비로소 시어를 관찰하기 시작함)

S3 : 아, 찾았다. 동 수 동 수 난 좋 아 참 좋 아! 맞죠?

S4 : 아, 그러네. 행의 앞 글자에 비밀이 있었어.

S5 : 와! 대단하다. 어떻게 이런 생각을 할 수가 있지(?)

　　　(아이들은 모두 놀라며 저마다 감탄의 말을 한마디씩 함)

〈비밀〉

정유경

동네에선 알아주는 싸움 대장

수업 시간엔 못 말리는 수다쟁이

동수 장난이 하도 심해 혀 내두른 아이들도

수십 명은 되지, 아마?

난 도무지 이해가 안 가, 그런 동수를

좋다고 쫓아다니는 여자애들.

아무래도 제 정신이 아닌 것 같아.

참 한심해 보이기도 해.

좋아할 남자가 그리도 없나?

아! 생각만 해도 머리가 아파.

4. 경험 나누기(전체 하브루타)

-시 속의 주인공과 비슷한 생각을 했거나 경험을 말하면 다른 질문자
 가 손을 들고 대답에 대한 질문을 하는 식으로 계속해서 질문과 대답
 을 이어 가면서 자연스럽게 이성에 대한 감정 및 경험을 나누게 된
 다.(질문 꼬리잡기 놀이)

-질문 : 시인과 비슷한 경험이 있었나요?(전체 하브루타)

S1 : 저는 지금 시인과 비슷한 생각을 하고 있고 저뿐만 아니라 많은 친구가 시인
    과 같이 좋아하는 감정을 가지고 있는데 표현을 안 한다고 생각합니다.

S2 : 왜 친구들이 자신과 같이 좋아하는 감정을 가지고 있다고 생각하나요? (질문
    꼬리잡기 1회)

S1 : 같은 감정을 가지고 있는 사람끼리는 통하기 때문이고 솔직하게 우리는 지금
    사춘기이기 때문입니다. (대답에 이어 아이들 함성소리)

S3 : 시인과 비슷한 감정을 가지고 있다고 했는데 좋아하는 친구가 있다는 것인가
요? (질문 꼬리잡기 2회)

S1 : 네. 있습니다. (아이들 함성과 웃음소리 엄청 남)

S4 : 누구인가요? (질문 꼬리잡기 3회)

S1 : 그건 말할 수 없습니다. 시인처럼 저도 비밀입니다.

S5 : 우리 반에 있나요? (질문 꼬리잡기 4회)

S1 : 그것도 비밀입니다. 마치 진실게임 하는 것 같아요. (아이들 웃음)

S6 : 그럼 앞으로도 좋아하는 친구에게 비밀로 할 것입니까? (질문 꼬리잡기 5회)

S1 : 아직은 그럴 생각인데 앞으로 어떻게 할지는 잘 모르겠습니다.

나만의 시로 바꾸는 질문 놀이

다음은 '간직하고 싶은 노래'(2학년 국어과)를 하브루타 질문 놀이로 재구성해서 수업했던 오유미 선생님의 사례를 소개하고자 한다. 선생님은 시 감상 수업이 항상 어려웠다고 한다. 그 이유는 아이들에게 시적 감수성을 이끌어 내서 아이들의 경험과 연결하여 마음을 표현하고 느낌을 나눌 수 있도록 하고 싶었지만 어떻게 접근하고 풀어 가야 할지 난감했기 때문이다. 결국 시 감상 수업은 아이들에게 시에서의 주인공과 비슷한 경험이 있었는지, 그때의 느낌은 어땠는지 질문하고 아이들이 대답하는 방식에서 벗어나지 못한 채 비슷비슷한 느낌과 경험 나누기로 수업을 마치는 경우가 많아서 늘 아쉬웠다고 한다.

그런데 시 감상 수업을 하브루타 질문 놀이로 접근함으로써 그동안의 막막함과 답답함을 풀었다고 한다. 숨은 그림 질문하기를 통해 아이들이 수업에 적극적으로 참여할 수 있는 흥미를 이끌어 낼 수 있었고, 질문 놀이를 통해서 시 속에 숨어 있는 다양한 이야깃거리와 아이들이 가지고 있는 경험 나누기로 풍성한 수업 대화와 이야기가 만들어 질 수 있었다고 한다.

다음은 오유미 선생님의 수업 성찰을 옮겨 본다.

단풍잎은 왜 곱게 물들었을까?

왜 '산골에서'가 아니라 '산골서'라고 썼을까?

깊은 산골에서 무슨 종소리가 들렸을까?

다람쥐는 어디에 한눈을 판 걸까?

도토리는 왜 떼굴떼굴 구르는 걸까?

너무나도 다양하고 재치 있는, 때로는 깊이 있는 질문들이 쏟아져 나왔다. 질문에 대한 답은 궁금해하는 아이들과 함께 찾아 갔다. '산골서'는 시적 표현이라는 것을, '깊은 산골의 종소리'는 산속 절에 있는 목탁소리, 풍경소리일 거라며 자신의 경험을 이야기하는 아이도 있었다. 또한 떼굴떼굴 구르는 이유는 '다람쥐에게서 도망치려면 굴러야 더 빠르니까…'라는 대답도 있었고, '다람쥐가 여자 친구 만날 때 한눈을 팔아서 도망쳤다.'는 등 다양하고 유머 있고 때로는 허를 찌르는 답들이 수업의 대화를 풍요롭고 활기차게 만들었다.

아이들과 함께 질문을 만들고 답을 찾아가며 짧은 시 속에 여러 이야기가 숨어 있다는 것을 알게 되었고, 아이들은 또 다시 이야기를 만들어 갔다. 그 이야기들은 아이들의 자신만의 시 쓰기에 고스란히 표현되었다. 시의 일부분 바꾸기에서 더 나아가서, 한 아이가 우리도 도토리 시를 써 보자는 말에 몇몇 아이가 너도 나도 시를 써 보고 싶다는 제안을 했고, 아이들에 의해 다음 수업 활동까지도 결정되었다.

갈팡질팡 어렵기만 했던 시 수업에서 풍부한 수업 대화가 오고 간 하브루타 질문 놀이 시 감상 수업을 통해 아이들의 감성을 어루만지고 나눌 수 있었다는 뿌듯함에 아이들과 교사 모두 다음 질문 놀이 시 수업을 또 기대하게 되었다.

수업 마무리에서 아이들은 저마다 자신이 배우고 알게 된 내용을 한마디씩 했다.

S1 : 오늘 도토리 시 쓰기를 했다. 시 쓰기가 어려웠다. 하지만 시를 쓰면서 내가 진짜 시인이 된 것 같았다. 친구들의 시는 짧기도 하고, 자신의 생각을 전부 다 들어가게 길고 재미있게 쓴 친구도 있었다.

S2 : ○○가 쓴 시는 너무 길다. ○○ 시를 보고 다른 도토리 시를 쓰고 싶었다. 그리고 도토리에게 궁금한 게 많아졌다. 도토리가 말을 할 수 있으면 대화를 할 것이다.

S3 : 내가 쓴 시는 나중에 제목을 바꾸어야 할 것 같다. ○○의 시는 짧지만 ○○의 마음을 모두 담아서 썼다. 짧아도 된다는 걸 ○○ 덕분에 알았다. 다음 시도 기대된다. 제목이, 주제가 무엇인지 말이다.

시 감상 하브루타 질문 놀이 교수·학습 과정안

교과	국어	단원	5. 간직하고 싶은 노래	차시	2차시(80분)
성취 기준		자신의 생각이나 겪은 일을 시나 노래, 이야기 등으로 표현한다.			
학습 목표		시를 읽고 시의 일부분을 바꾸어 쓸 수 있다.			
학습 조직	전체-짝-개인-짝-전체	수업 모형	질문 중심 하브루타 수업 모형		
핵심 질문		- 시(그림, 제목)를 읽고 질문을 해 볼까요? - 떼굴떼굴 도토리는 어디서 왔나? - '도토리' 시의 4연을 어떻게 쓸 수 있을까요?			

수업 과정 주제 질문	도입	- 그림(제목)을 보고 질문을 해 볼까요?
	내용	- 왜 다람쥐가 한눈을 팔았을까? 깊은 산골 종소리는 무슨 종소리일까? 시는 어느 계절에 썼을까? 도토리는 왜 떼굴떼굴 굴러왔을까?
	적용, 메타	- '도토리' 시의 4연을 어떻게 쓸 수 있을까요?
	쉬우르	- 시를 읽고 쓰고 서로의 생각을 나누면서 느낀 점은 무엇인가요?

학습 과정	단계	교수 · 학습 활동	자료(□) 및 전략, 유의점(·)
도입 하브 루타 (10′)	동기 유발	◎ 숨은 그림 질문하기 * 그림에서 선생님이 생각한 것을 맞히는 질문을 해 볼까요? -먹을 수 있나요? 나무에 매달려 있나요? 바구니 안에 들어 있나요? 껍질에 싸여 있나요? -밤입니다. 감입니다. 토토리입니다. ◎ '도토리' 시 제목 질문하기 * '도토리'라는 제목을 듣고 궁금한 점을 질문해 볼까요?	□그림 자료 PPT · 숨은 그림 질문하기의 그림 제시 · 시의 제목 '도토리'에 대해 궁금한 점을 질문한다.

		-도토리를 어디에서 주웠을까요? 도토리는 먹을 수 있을까요? 도토리의 크기는 얼마만 할까요? 도토리의 끝부분은 왜 뾰족할까요? 도토리는 왜 모자를 썼을까요?	
	학습 문제 확인	[학습 문제 확인] '도토리' 동시를 읽고 시의 일부분을 바꾸어 써 보자. 	• 판서 안내
	학습 활동 안내	활동 1. 질문 놀이를 해 볼까요? 활동 2. 시를 써 볼까요? 	
내용 하브 루타 (25')	전체/ 짝 활동	[활동 1] 질문 놀이를 해 볼까요? ◎ '도토리' 동시 읽기 * 동시를 소리 내어 읽어 봅시다. -다 함께 읽기, 짝과 번갈아 읽기, 선생님과 번갈아 읽기, 혼자 읽기, 남/여 읽기, 질문으로 읽기 등 ◎ 질문 만들기 * 동시를 읽고 질문을 만들어서 포스트잇에 써 볼까요? -왜 다람쥐가 한눈을 팔았을까? 깊은 산골 종소리는 무슨 종소리일까? 시인은 어느 계절에 시를 썼을까? 도토리는 왜 떼굴떼굴 굴러왔을까? ◎ 짝과 서로 질문하기 * 짝과 질문 꼬리잡기(3회)를 해 볼까요? -짝과 질문하고 끝나면 역할 바꾸어 하기 * 짝과 한 질문을 전체 친구들 앞에서 해 볼까요? -전체 친구들 앞에서 질문과 답을 보여 준다. * 질문을 쓴 포스트잇을 칠판에 종류별로 붙여 볼까요? 같은 질문끼리는 서로 모아서 칠판에 붙여 봅시다.	□동시 판서 • 나눔자리에서 만난 짝과 질문 꼬리잡기를 한다. 질문을 만들지 못한 친구들이 질문을 만들 수 있는 시간을 준다. • 나눔자리 활동 후 칠판에 붙인 질문을 통해 전체가 질문 내용을 공유하고 서로의 생각을 나누는 시간을 갖는다.

		-칠판에 붙인 질문을 모두 서로 나누는 시간을 갖는다. -인상 깊은 질문이나 답에 대하여 이야기 나눈다.	
적용 및 메타 하브 루타 (5')	전체 활동	[활동 2] 시를 써 볼까요? ◎ 서클맵으로 중요 단어 기록하기 * 시를 읽으면서, 질문하기를 하면서 떠오르는 단어나 느낌, 생각을 이야기해 볼까요? -도토리, 종소리, 아기 다람쥐, 똥, 청설모, 발차기, 모자 등	□'도토리' 동시 학습지 • 아이들의 생각을 서클맵으로 칠판에 제시
적용 및 메타 하브 루타 (40')	개인 활동	◎ '도토리' 시 쓰기 * '도토리' 시의 4연을 만들어 볼까요? 떼굴떼굴 도토리 어디서 왔나? ( ) ( )	□'도토리' 동시 학습지 • 아이들의 생각을 서클맵으로 칠판에 제시 • 나눔자리에서 질문과 작품 설명하기를 한다.
	짝 활동	◎ 작품 설명하기 * 서로의 시에 대하여 질문 및 설명을 해 볼까요? -이렇게 시를 쓴 이유가 뭐야? -이건 무엇을 뜻하는 거야? [정리하기] 확인하기 * 친구들과 '도토리' 동시를 읽고 질문하고, 답하고, 시를 쓰면서 알게 된 점, 좋았던 점, 아쉬웠던 점, 느낀 점은 무엇인가요? ◎ 차시 알기(자작 시 쓰기)	

교과서 외에 재구성한 텍스트 동시

〈도토리〉	〈도토리〉
유성윤	유성윤
떼굴떼굴 도토리 어디서 왔나? 단풍잎 곱게 물든 산골서 왔지	떼굴떼굴 도토리 어디서 왔나? 단풍잎 곱게 물든 산골서 **왔나?**
떼굴떼굴 도토리 어디서 왔나? 깊은 산골 종소리 듣고 있다가 왔지	떼굴떼굴 도토리 어디서 왔나? 깊은 산골 종소리 듣고 있다가 **왔나?**
떼굴떼굴 도토리 어디서 왔나? 다람쥐 한눈팔 때 굴러서 왔지	떼굴떼굴 도토리 어디서 왔나 다람쥐 한눈팔 때 굴러서 **왔나?**

하브루타 질문 놀이 수업 활동 모습

질문 꼬리잡기(찾아가는 짝 하브루타)

시 쓰고 나누기(질문과 설명하기)

질문을 종류에 따라 분류하기

시의 일부분 바꾸어 쓰기

떼굴떼굴 도토리
어디서 왔니?
다람쥐 여자친구 안날 때
굴러서 왔지.

떼굴떼굴 도토리
어디서 왔나?
도토리 모자 찾으려
굴러서왔지

때굴때굴도토리
어디서왔나?
다람쥐가 낮잠잘때
굴러서왔지.

떼굴떼굴 도토리
어디서 왔나?
다람쥐가 또 싸서 똥냄새나서
굴러서왔지.

나만의 자작시 쓰기

동그란 도토리

정윤우

도토리야 넌 왜 동그래?
다람쥐가 먹기 전에
굴러서 도망치려고 동그래

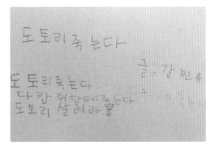

도토리 죽 논다

글: 강민유

도토리 죽 논다
다람 거친데죽논다
도토리 살려라 흥

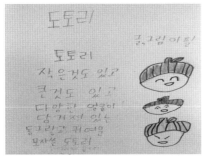

도토리

글,그림이틸

도토리
작은것도 있고
큰것도 있고
다양한 열굴아
담겨져 있는
동그랗고 귀여운
모자쓴 도토리

팽이 도토리

글,그림:

도토리야 넌 팽이같애
왜 나 하면 네는돌이면
빙글빙글, 수웅 수웅
도토리야넌아주 좋은 좋은 장 난
팽이 처럼 수웅수웅
도리수웅으니까

04
딜레마 상황에서의
하브루타 질문 놀이

　세익스피어의 유명한 작품 『햄릿』의 유명한 독백 '죽느냐 사느냐 그것이 문제로다.(To be or not to be. That is the question.)'에서 알 수 있는 것처럼 우리는 살아가면서 딜레마 상황에 부딪칠 때가 참으로 많다. 딜레마 상황에서 문제를 바로 인식하고 해결하기란 쉽지 않다. 딜레마(dilemma)는 그리스어의 di(두 번)와 lemma(제안, 명제)의 합성어로서 진퇴양난, 궁지라는 뜻이다. 초등 교육 과정에서는 특히 도덕 교과에서 갈등 상황의 문제를 깊이 탐구하고 토론(논쟁)을 통해 올바른 가치관을 형성하게 한다. 이때 문제를 탐구하고 토론할 때 질문은 중요한 역할을 한다.

　다음은 5학년 학생들이 인권 침해와 관련된 딜레마 상황에서 알맞게 대처하는 방법을 하브루타 질문 놀이를 통해 토론하는 과정이다.

될까 안 될까 고민 해결 질문 놀이

1. 문제 상황 알기

〈재현이의 고민〉

4교시가 시작되고 선생님께서 말씀하셨습니다.

"오늘 수업은 모둠 활동으로 시작하겠어요. 모든 모둠원이 함께 참여해서 활동합시다."

선생님 말씀을 들은 재현이네 모둠 친구들은 얼굴을 찌푸렸습니다. 왜냐하면 재현이네 모둠원 중 성훈이는 우리나라에 온 지 얼마 되지 않아 우리말을 잘하지 못하기 때문입니다. 그래서 재현이네 모둠은 한 번도 다른 모둠보다 일찍 모둠 활동을 마친 적이 없었습니다.

"어떻게 하지? 성훈이 때문에 또 가장 늦게 모둠 활동이 끝나는 거 아니야?"

불만이 가득한 소리로 현아가 말하였습니다.

"야, 너는 모둠 활동에 참여하지 마!"

옆에 있던 지영이가 성훈이에게 큰 소리로 말하였습니다.

"지영아, 성훈이가 우리말을 잘하지 못한다고 무엇이든지 하지 못할 것으로 생각하는 건 편견이 아닐까? 성훈이도 잘할 수 있는 일이 있을 거야."

재현이가 걱정스러운 표정으로 말하였습니다.

"성훈이랑 같이 하면 우리 모둠은 항상 맨 마지막에 활동이 끝났잖아. 성훈아, 너

꼭 우리 모둠 활동에 같이 참여해야겠어?"

현아가 성훈이에게 볼멘소리로 말하였습니다.

현아의 말을 들은 성훈이가 느릿느릿 말하였습니다.

"음. 나도 같이 하고 싶어. 하, 하지만… 내가 방해가 된다면… 빠, 빠질게."

재현이는 친구들의 말을 들으며 생각하였습니다.

'성훈이와 함께 하게 되면 우리 모둠 활동이 늦게 끝나기는 하겠지만 성훈이가 우리와 조금 다르다고 모둠 활동에서 제외하는 것이 옳은 일일까?'

재현이는 고민에 빠졌습니다.

2. 질문 릴레이

S1 : 재현이의 고민은 무엇인가?

S2 : 재현이의 모둠 친구들은 왜 화를 내었을까?

S3 : 성훈이의 기분은 어떨까?

S4 : 선생님은 왜 모둠 활동에 모든 모둠원이 참여해야 한다고 하셨을까?

S1 : 내가 성훈이라면 어떤 마음일까?

S2 : 모둠의 이익을 위해 성훈이가 포기하는 것이 옳은가?

S3 : 많은 사람의 이익을 위해서라면 소수의 인권이 침해받아도 되는 걸까?

S4 : 내가 재현이라면 어떠한 선택을 할까?

S1 : …

3. 토론 질문 정하기

S1 : 질문 릴레이 한 것 중에 토론 주제를 고르면 어떤 질문이 적당할까?

S2 : '많은 사람의 이익을 위해서라면 소수의 인권이 침해받아도 되는 걸까?'라고

　　　정하면 좋겠어.

S4 : 그 질문이 좋기는 한데 너무 어렵지 않을까?

S3 : 아, 그럼 '모둠의 이익을 위해 성훈이가 포기하는 것이 옳은가?' 이 질문은 어

　　　때? 비슷한데 좀 더 쉽잖아.

S4 : 그 질문은 옳다, 옳지 않다 등의 찬성과 반대의 의견만 말하게 되잖아. 재현이

　　　의 고민을 해결할 수 있는 좋은 질문은 아닌 것 같아.

S2 : '내가 재현이라면 어떠한 선택을 할까?'라고 정하면 좋겠어. 그럼 재현이 입

　　　장에서 나의 경험과 관련된 다양한 의견이 나올 수 있을 것 같아.

S3 : 좋은 생각이야, 여러 의견을 말하고 그 중에서 가장 좋은 선택을 할 수 있을

　　　거라고 생각해.

S1 : 그래. 그럼 토론 질문은 '내가 재현이라면 어떠한 선택을 할까?'라고 정하자.

4. 토론하기(질문 꼬리잡기)

S1 : '내가 재현이라면 어떠한 선택을 할까?' 질문으로 토론을 시작합시다.

S3 : 내가 만약 재현이라면 성훈이를 모둠 활동에서 제외하는 것이 좋을 것 같습

　　　니다. 왜냐하면 지영이와 현아가 그동안 성훈이 때문에 스트레스를 많이 받

　　　았기 때문입니다. 그래서 지영이와 현아의 생각도 중요하다고 생각합니다.

S2 : 저도 공감합니다. 모둠 전체를 위해 활동을 일찍 끝내려면 한 번쯤은 성훈이

　　　도 양보해야 한다고 생각합니다. 성훈이를 잘 설득하면 성훈이도 이해해 주

　　　지 않을까요?

S4 : 저의 생각은 성훈이를 모둠 활동에 포함해야 한다고 생각합니다. 선생님께서

모둠원이 모두 참여해야 한다고 하셨는데 그 이유는 모두가 참여함으로써 협동하고 남을 배려하는 마음을 갖게 하기 위해서라고 생각합니다.

S2 : 제 생각엔 오히려 성훈이를 억지로 참여시키면 협동과 배려보다는 성훈이에 대한 지영이와 현아의 불만만 더욱 커질 거라 생각합니다.

S1 : 성훈이를 잘 설득하기보다는 오히려 현아와 지영이를 잘 설득하면 활동이 좀 늦더라도 이해하지 않을까요?

S3 : 현아와 지영이의 태도로 보아서는 그동안 많이 힘들었던 것 같습니다. 그래서 쉽게 설득당할 것 같지 않습니다.

S4 : 그렇다고 활동에 참여하고 싶어 하는 성훈이를 무조건 활동에서 제외하는 건 성훈이의 인권을 침해하는 거라고 생각합니다.

S3 : 모든 친구들의 인권은 소중합니다. 성훈이의 인권을 존중하게 된다면 그동안 피해를 입었던 지영이와 현아의 인권도 중요하지 않을까요?

S2 : 그럼 성훈이를 참여는 시키되 활동량을 줄여 주면 어떨까요?

S3 : 그렇게 되면 현아와 지영이, 재현이가 활동량이 늘어나게 되는데 이해할까요?

S4 : 성훈이 입장을 생각한다면 지영이와 현아도 이해할 수 있다고 생각합니다.

S1 : 그리고 성훈이 입장에서도 자기 때문에 친구들에게 피해를 주는 것에 대해 미안하고 있기 때문에 무조건 참여하는 것보다는 능력에 맞는 활동량을 주는 것이 좋다고 생각합니다.

S3 : 네. 저도 처음에는 성훈이를 제외시켜야 한다는 입장이었는데 모둠 전체를 생각하면 성훈이에게 활동량을 적게 주고 모두 참여하는 방법이 좋다고 생각합니다.

S4 : 저도 처음에는 성훈이 입장만 생각했는데 지영이와 현아의 인권도 소중함을 깨닫게 되었습니다.

S2 : 지금까지 저는 문제가 생기면 다수의 의견에 따라야 한다고 생각했는데 소수의 의견도 중요함을 알게 되었습니다.

S1 : 우리가 지금 토론한 것처럼 앞으로는 소수의 인권도 소중한 것이므로 모두에게 이익이 되는 방향을 깊이 따져서 결정해야겠다고 생각했습니다.

할까 말까 갈등 해결 질문 놀이

윤숙자 선생님은 하브루타 질문 놀이에 관심이 매우 많아 수업은 물론이고 일상 생활에서도 소통과 공감을 실천하는 선생님이다. 선생님은 아이들에게 웃어른 공경에 대한 바른 가치관을 형성할 수 있는 기회를 주고 싶어 갈등 상황에서의 질문 역할 놀이 및 질문 꼬리잡기를 실시하였다고 한다. 공경이라는 것이 자리 양보의 문제를 떠나 웃어른의 마음을 편하게 해드리는 것, 용기를 갖고 웃어른을 위해 나서는 행동임을 질문 놀이와 대화를 통해서 아이들 스스로 받아들이게 되었다고 한다.

도덕과에서 하브루타 질문 놀이 수업을 적용하면 교사가 옳다 옳지 않다, 맞다 틀리다의 가치관을 주입해야 하는 부담을 덜 수 있다. 아울러 학생들이 질문과 대화를 통해 역지사지의 마음을 갖고 갈등 상황을 스스로 해결하여 실생활에 적용하려는 노력을 보인다.

다음은 윤숙자 선생님의 하브루타 질문 놀이 도덕 수업 사례이다.

하브루타 질문 놀이 도덕 수업 과정안

제재명	5. 웃어른을 공경하는 사회 2)웃어른 공경, 어떻게 해야 할까요				
쪽수	도덕 116~121쪽	학년	5학년	차시	4/6(50분)
성취 기준	토론을 통해 웃어른 공경에 대해 깊이 생각해 보고 바르게 판단하는 힘을 기른다.				
학습 목표	웃어른 공경에 대해 깊이 생각해 보고 바르게 판단하는 힘을 기를 수 있다.				
수업 모형	논쟁 중심 하브루타 수업 모형				
학습 형태	◎ 전체 학습→모둠 학습→개별 학습→전체 학습				
동기 유발 전략	◎ 도덕 교과서 읽기 자료 '태웅이의 고민'을 읽고 등장인물 태웅이와 할머니께 인터뷰하기 활동을 통해 토론 주제를 찾고 배움 문제로 연결하며 오늘 어떤 공부를 할지 생각해 보게 한다. ◎ 동기유발 자료를 통해 배움 문제 발견, 배움 활동으로 자연스럽게 학습 과정이 이루어지도록 설계한다.				
교육 과정 재구성	◎ 4차시를 6차시로 재구성 -1차시 : 공경의 의미와 웃어른의 비율이 높아지는 사회에 대해 알아보기(생각 지도) -2차시 : 웃어른이 겪는 어려움과 우리가 할 수 있는 일 -3차시 : 웃어른 공경에 대해 깊이 생각하기(질문 역할 놀이) -4차시(본시) : 웃어른 공경에 대해 깊이 생각하기(역지사지의 두 마음 토론으로 양쪽의 입장을 다 경험해 보고 최선의 해결책 모색하기, 질문 꼬리잡기) -5, 6차시 : 감사함의 실천 방법 찾기. 모둠별로 브레인스토밍 활동으로 최대한 많은 내용을 찾아 발표하고 그 중에서 실천할 수 있는 것을 골라 일주일간 실천해 보기				
사전 과제 및 학습	◎ 웃어른이 겪는 어려운 점 인터넷 기사에서 찾아오기, 웃어른을 위해 우리가 할 수 있는 일 생각해 보기→조사 학습 발표 후 웃어른들이 겪는 어려운 상황을 연극으로 표현하고 해결 방법 제시하기 ◎ '태웅이의 고민' 도덕 교과서 이야기 자료 읽기 ① 태웅이, 할머니의 입장에서 생각 정리하기 ② 인터뷰 준비 : 이야기 읽고 태웅이와 할머니께 궁금한 점 질문 만들어 오기				

학습 안내	마음 열기
	핵심 질문 : 태웅이의 고민은 무엇인가요?
	교과서 태웅이의 갈등 상황이 담긴 예화를 읽고 가상 인터뷰 활동(질문과 대답)을 통해 역지사지의 입장에서 생각해 보는 시간을 갖고 인터뷰 과정에서 나온 질문 중에서 토론 주제를 찾고 배움 문제를 이끌어 낸다.
	생각 키우기
	핵심 질문 : 할머니께 자리를 양보해야 하는가?
	활동1 : 짝 토론(1:1)에서는 PRO(찬성)-CON(반대) 토론 학습, 즉 두 마음 토론을 통해 찬성과 반대의 입장을 모두 경험해 봄으로써 최선의 해결책을 모색하는 역지사지의 토론 학습 활동을 진행한다.
	활동2 : 전체 토론(찬성 인원 : 반대 인원)
	두 마음 토론을 통해 다져진 자신의 입장을 정해 찬반 학생들이 각각 나와서 질문과 대답 활동을 한 후 자신의 생각을 정리한다.
	생각 넓히기
	핵심 질문 : 태웅이가 할 수 있는 가장 좋은 행동은 무엇인가?
	활동3 : 활동 1, 2의 토론 결과 태웅이가 할 수 있는 가장 좋은 행동이 무엇인지 허니콤보드에 기록해서 칠판 나누기 활동을 한다.
	친구들이 칠판에 붙인 의견을 읽으며 같은 의견에 붙일 수 있도록 한다.
	실천 의지 갖기
	토론 후 느낀 점이나 변화된 생각 등에 대한 이야기를 나누며 미덕의 언어로 오늘 배움을 통해 느낀 점과 실천 의지를 발표한다.

갈등 상황 텍스트

〈태웅이의 고민〉

오늘 태웅이는 1교시 수업이 끝난 뒤 조퇴를 하게 되었습니다. 며칠 동안 앓고 있는

증세가 더 심해졌기 때문입니다. 교문 밖으로 나온 태웅이는 잠시 망설였습니다.

'오늘은 몸이 아프니 버스를 타고 가야겠다.'

태웅이는 아픈 몸으로 버스에 탔습니다. 다행히 빈자리가 하나 있었습니다.

'아, 다행이다. 좀 앉아 가야겠다.'

그런데 얼마 지나지 않아 할머니 한 분이 지팡이를 짚고 버스에 타셨습니다.

버스 안에는 할머니를 위한 빈자리는 하나도 남아 있지 않았습니다.

'어떻게 하지? 할머니께 자리를 양보할까? 그렇지만 몸이 너무 아픈데…'

망설이고 있는 태웅이 앞으로 어느새 할머니께서 발걸음을 힘겹게 옮기며 다가오셨습니다.

본시 교수·학습 과정안

학습 과정 단계		교수·학습 활동	예상되는 학생 활동	시간	학습 형태	유의점 및 자료 활용
배움 열기 (도입·내용 하브루타)	전시 학습 상기	◎ 전시 학습 상기 -지난 시간에 배운 것을 짝과 함께 나누어 봅시다. 출발 질문 태웅이의 고민은 무엇인가요?	-윗어른들이 겪는 어려움, 우리가 할 수 있는 일을 연극으로 표현했음을 나누기 -연극을 보고 등장인물과 인터뷰를 하며 태웅이의 고민이 무엇인지 찾아본다.		전체 학습	-사전에 '태웅이의 고민'을 읽고 등장인물에게 궁금한 점 질문 만들어 오기→사전 과제 학습지
	동기 유발 (마음 열기)	◎ 동기유발 등장인물과 인터뷰하기 -등장인물(태웅, 할머니)에게 궁금한 점 질문하기 -등장인물이 되어 인터뷰를 하기 -태웅이의 고민은 무엇인가요?	* 태웅이나 할머니의 지금 몸 상태가 어떤지 말씀해 주십시오. * 태웅이는 어떤 고민을 하고 있나요? -'할머니께 자리를 양보해야 하는가?'입니다.	5'		-사전에 이야기를 읽고 등장인물의 심정이나 생각이 어떤지 정리해 보기→사전 과제 학습지 -마이크

216

	배움 문제 확인	◎ 배움 문제 찾기 -태웅이의 고민, '할머 니께 자리를 양보해 야 하는가?' 오늘 여 러분들이 고민 해결 사가 되어 함께 고민 을 해결해 줄 거예요.		2′		-배움 문제와 순서는 교사 가 일방적으 로 안내하는 것보다 학생 이 사고하여 찾 아 내 도 록 한다.
배움 활동 (적용 하브 루타)	배움 순서 안내	-태웅이의 고민 해결 은 오늘 우리가 배울 배움 문제와 관련이 있습니다. 어떤 공부 를 할 것 같나요? 웃 어른 공경에 대해 깊 이 생각해 보고 바르 게 판단해 봅시다.	-배움 문제를 찾아서 발표한다. -배움 문제 확인하기 ◎ 나의 배움 찾기 -오늘 공부하면서 배 우고 싶은 자신의 배 움 문제를 생각하여 발표한다.	1′	전체 학습	나의 배움 확인 짝 활동 전체 활동
	나의 배움 문제 찾기	◎ 배움 순서 미션1 : 할머니께 자리 를 양보해야 하는가? (두 마음 토론, 전체 토 론) 미션2 : 태웅이가 할 수 있는 가장 좋은 행 동은 무엇인가?	-칠판 나누기 활동			
	생각 키우 기	◎ 나의 배움 찾기 -배움 문제와 관련하 여 오늘 공부하면서 배우고 싶은 자신의 배움 문제를 정해서 발표해 봅시다.	-역지사지의 입장에서 토론을 해 보고 자신 의 입장을 정하도록 한다.	15′	짝 활동	사전 과제 학습 지(인터뷰, 찬 반 양 입장 미 리 생각해 오 기)
		전개 질문 미션1 : 할머니께 자리 를 양보해야 하는가?				

		◎ 활동1 : 두 마음 토론 (회전초밥형) 할머니께 자리를 양보 한다./하지 않는다.(2 가지 입장) 역지사지의 입장에서 토론을 해 보고 자신 의 입장을 정하도록 합니다.	-질문꼬리 잡기 활동 으로 두 마음 토론에 참여한다.			
		◎ 활동2 : 전체 토론 (찬성 인원 : 반대 인원) 찬성 측 학생들 앞으 로 나와서 자신의 의 견을 발표해 주십시오. 반대 측 학생들은 찬 성 측 학생들의 의견 을 듣고 질문꼬리 잡 기를 해 주십시오.	질문과 대답 활동 후 에 반대 측 학생들이 나와서 자신의 의견 발표, 찬성 측 학생들 과 질문과 대답 활동 을 한다.	10′	전체 활동	
		도착 질문 미션2 : 태웅이가 할 수 있는 가장 좋은 행 동은 무엇인가?				
메타 하브 루타	생각 넓히 기	◎ 활동3 : 칠판 나누기 -태웅이가 할 수 있는 가장 좋은 행동이 무 엇인지 그 이유도 함 께 적어 칠판에 붙여 봅시다.	-자신의 생각을 붙일 때 먼저 붙인 친구의 생각을 읽어 보고 같 은 생각끼리 붙인다. -토론 결과 태웅이가 할 수 있는 가장 좋 은 행동이 무엇인지 그 이유도 함께 허니 콤보드에 적어 칠판 에 붙인다.			허니콤보드, 보 드마카, 지우개

| 배움 정리 (메타 하브 루타) | 쉬우 르 | ◎ 배움 정리 및 수업 후 느낌 나누기
• 나의 배움 발표
-공부를 시작하면서 스스로 정한 나의 배움에 대해 무엇을 배우게 되었는지 발표해 볼까요?

• 미덕의 언어로 말하라.
-오늘 배움을 통해 여러분들은 미덕의 보물 52가지 중 무엇을 선물받게 되었나요? | -수업 시작할 때 스스로 정한 나의 배움에 대한 대답을 찾아 발표한다.

-토론 후 느낀 점이나 변화된 생각을 미덕의 보석들 중에서 찾아 발표한다. | 2′ | 개인 및 전체 학습 | 미덕의 보물 52 가지(교실에 상시 부착) |
| | | ◎ 차시 예고
-다음 시간에는 공경 서약서를 작성하고 웃어른 공경을 실천하는 계획을 세워 보는 공부를 하겠습니다. | 차시 예고 확인하기 | | | |

S1 : 다른 사람에게 할머니께 자리를 양보하라고 말할 수 있는 용기를 가져야 한다는 것을 알았어요. (용기)

S2 : 이 수업을 통해서 웃어른을 존중하고 공경하려는 마음을 가져야겠다는 생각을 가지게 되었어요. (존중)

S3 : 웃어른을 공경하려면 남을 먼저 배려하는 마음을 길러야겠다는 것을 알고 배려를 키워야겠다는 생각을 했어요. (배려)

수업 마무리 단계에서 자신이 배움을 통해 얻은 생각을 '미덕의 보석 52가지'와 연결하여 말하게 했다. 아이들은 도덕적인 가치 덕목을 찾아 공경과 연결하고 갈등 상황에서 합리적인 의사를 결정하여 실생활에 적용하려는 실천 의지를 가지게 되었다.

수업 활동 모습

질문 역할 놀이를 하며 소통 공감하기

짝과 질문 꼬리잡기 놀이   회전초밥형 토론 활동 모습

05
하브루타 질문 놀이
토론

　아이들은 토론을 하다 보면 감정이 격해져서 말다툼(언쟁)으로 이어지는 경우가 많다. 이런 경우에는 언쟁(言爭)을 하는 것이 아니라 논쟁(論爭)을 해야 함을 알려 주며 무조건 우기거나 목소리를 크게 내는 것이 잘하는 것이 아니라 논리적인 근거를 정확히 제시하는 것이 토론임을 강조해 줄 필요가 있다.

　처음에 찬성, 반대의 입장이 정해지면 중간에 생각이 바뀌어도 끝까지 처음의 입장을 고수한 채 생각의 변화와는 상관없이 무조건 우겨서라도 자신의 입장을 지켜내려는 아이들의 고집스런 모습이 아직 토론의 의미와는 거리가 멀다. 그래서 찬성, 반대의 상반된 입장을 모두 발언해 볼 수 있는 기회를 통해 자신의 변화된 생각을 최종적으로 말할 수 있는 하브루타 질문 놀이 찬반 토론을 실시했다.

찬반 토론으로 놀자

찬성과 반대로 대립되는 논리 싸움은 직접 참여할 경우도 재미있지만, 구경할 때도 매우 흥미롭다.

하브루타 질문 놀이 찬반 토론의 방법은 다음과 같다.

- 토론 인원 구성은 2:2(4명), 2:2(4명) 총 8명이 함께 한다.
- 토론 주제에 대해 찬성/반대의 입장을 정해 1, 2차 발언을 한다.
- 찬성/반대의 입장을 바꾸고 자리를 이동하여 상대 팀을 교체한다.
- 교체한 팀과 3, 4차 발언을 한다.
- 토론자 한 명이 찬성과 반대의 두 가지 입장에서 발언을 한다.
- 최종 입장을 정하고 처음의 생각과 바뀐 생각 등을 정리해 발언한다.
- 상대팀을 교체한 상태에서의 발언은 앞에서 토론했던 의견을 다시 반영해도 괜찮다.
- 찬성/반대의 두 입장에서 토론한 후 최종 정리한 입장을 가지고 전체 토론을 할 수도 있다.

하브루타 질문 놀이 찬반 토론(그룹) 절차

순서	활동 설명	시간
토론자 소개 및 안내	주제 소개 및 토론의 규칙 안내 토론자 소개	5분
1차 발언 (입론)	찬성/반대 입장 정하기 입장에 대한 주장과 근거를 제시하기	각 2분
2차 발언 (질문 및 반론)	상대방의 주장에 대해 질문 꼬리잡기 및 반론하기	10분
자리 이동하기(찬성 팀은 그대로 있고 반대 팀만 자리를 이동함)		
3차 발언 (입론)	역할 바꾸기(찬성/반대) 자신의 입장에 대한 주장과 근거를 제시하기	각 2분
4차 발언 (질문 및 반론)	상대방의 주장에 대해 질문 꼬리잡기 및 반론하기	10분
최종 발언 (정리 발표)	하브루타 결과 찬성/반대의 입장을 최종 정하기 하브루타 과정에서 바뀐 생각, 변하지 않은 생각에 대한 이유 등을 말하기	각 2분

하브루타 질문 놀이 찬반 토론(전체) 절차

순서	활동 설명	시간
토론자 소개 및 안내	주제 소개 및 토론의 규칙 안내 토론자 소개	5분
1차 발언 (입론)	찬성/반대 입장에 대한 주장과 근거를 제시하기	각 2분
2차 발언 (질문 및 반론)	상대방의 주장에 대해 질문 꼬리잡기 및 반론하기	10분
청중 질문과 대답	청중에게 질문할 기회를 주기 (토론자와 청중 간에 질문, 즉답이 이루어짐)	5분
최종 발언 (정리 발표)	1, 2차 발언과 청중의 질문(답변)을 포함해 종합하여 최종 정리해서 말하기	각 2분

하브루타 질문 놀이 찬반 토론(그룹) 사례

학생들이 '콜럼버스 항해의 진실'(6학년 국어과 2단원)이라는 텍스트를 읽고 하브루타 질문 놀이 찬반 토론을 했던 사례이다.

토론의 주제는 '<u>콜럼버스는 구대륙을 침략하였는가?</u>'이다.

찬성 편의 주장

<u>콜럼버스는 구대륙을 침략하였다.</u>

이유는

첫째, 아메리카 대륙에는 이미 원주민이 살고 있었기 때문에 신대륙 발견이라 할 수 없다.

둘째, 원주민들의 것을 약탈하고 그들의 목숨도 앗아 갔다.

셋째, 전통과 문화를 가꾸며 살아오던 원주민들의 삶을 빼앗은 것이므로 지금까지 신대륙을 발견한 것이라는 내용은 사실과 달리 잘못되었다.

반대 편의 주장

<u>콜럼버스는 구대륙을 침략하지 않았다.</u>

이유는

첫째, 콜럼버스의 처음 항해 의도는 침략하기 위한 것이 아니었기 때문이다.

둘째, 콜럼버스의 항해는 신대륙과 유럽을 연결하는 계기가 되었으며 이로 인해 세계 문명이 발전할 수 있었다.

셋째, 콜럼버스는 항해를 위해 어려운 여건을 극복한 용기 있는 사람이었다.

질문 및 반론—질문 꼬리잡기

찬성 편의 질문 꼬리잡기

Q 콜럼버스가 항해한 의도는 침략하기 위한 것이 아니었어도 결국은 원주민을 학살하고 그들의 것을 빼앗지 않았나요?

A 콜럼버스의 항해가 침략하기 위한 것이 아니었으므로 처음부터 원주민을 학살하지는 않았을 겁니다. 오히려 낯선 사람들을 본 원주민이 먼저 공격했을 가능성이 많다고 생각합니다.

Q1 누가 먼저 공격했는가는 중요하지 않습니다. 원주민을 침략한 결과가 중요하지 않을까요?

A1 원주민이 먼저 공격해 왔다면 생명에 위협을 느꼈을 것입니다. 그렇다면 누구라도 자신을 위협하는 상대를 그냥 두지는 않았을 것입니다.

Q2 콜럼버스는 원주민과 대화를 할 수는 없었을까요?

A2 처음에는 대화를 시도했을 것입니다. 그러나 서로 말이 통하지 않아서 어려움을 느꼈을 것이라 생각합니다.

Q3 말이 통하지 않더라도 끝까지 노력했어야 하는 것 아닌가요? 예를 들어 어떤 집에 낯선 사람이 들어가서 집주인을 죽이고 그 집은 자기가 발견한 집이라고 한다면 그 집은 과연 그 사람의 집이 될 수 있나요?

A3 그건 비유가 잘못되었다고 생각합니다. 콜럼버스는 처음부터 땅을 차지하려던 것이 아니었습니다. 그는 신대륙을 평생 인도 땅이라고 생각하면서 살았듯이 오로지 향신료, 금, 비단 같은 물건에만

관심이 있었습니다.

Q4 콜럼버스는 정말 죽을 때까지 인도 땅으로 생각했을까요? 향신료, 금, 비단 같은 것은 신대륙에서 발견되지 않았고, 발견되지 않았으면 본국으로 돌아가야 하는 것 아닙니까?

A4 콜럼버스는 항해를 위해 십여 년을 준비했다고 들었습니다. 그리고 두 달이 넘게 항해를 해서 발견한 땅입니다. 이렇게 어렵게 들어온 땅에 찾던 물건이 없다고 해서 쉽게 포기하고 돌아가지는 않았을 것입니다.

반대 편의 질문 꼬리잡기

Q 콜럼버스는 항해를 위해 십여 년을 준비하고 용기 있게 항해한 탐험가라고 생각하지 않나요?

A 탐험가는 맞지만 아울러 침략자도 맞다고 생각합니다.

Q1 콜럼버스가 위대한 탐험가로 세계 문명이 크게 발전하는 데 기여했다고 생각하지는 않나요?

A1 당시는 새로운 땅을 찾기 위해 경쟁적으로 탐험대를 파견하였으므로 콜럼버스가 아니더라도 누군가는 문명을 발전시킬 수 있었을 것입니다.

Q2 그렇다면 콜럼버스가 아니더라도 그 누군가는 원주민을 침략할 수 있었다는 말인가요?

A2 아닙니다. 콜럼버스처럼 무력으로 원주민을 학살하지 않고도 원주민과 타협할 수 있었다고 봅니다.

Q3 원주민과 타협이 가능했다는 것을 어떻게 증명할 수 있나요?

A3 증명하기는 어렵지만 충분히 가능성은 있다고 생각합니다.

Q4 역사적으로 볼 때 다른 나라를 식민지로 만든 영국, 독일, 일본 같은 경우에도 타협은 없었습니다. 전쟁을 통해 우세한 나라가 약한 나라를 지배했죠? 결국 콜럼버스의 항해 의도가 무엇이든 간에 약한 원주민 땅을 침입하고 그들을 학살한 잔인한 사람 아닐까요?

A4 …

찬성/반대의 입장을 바꾸고 반대였던 팀만 자리를 이동하여 토론할 대상을 달리 해서 3, 4차 발언을 한 후 토론 과정에서 변화된 생각 등을 정리해서 최종 발언을 했다.

찬성 팀의 최종 발언

S : 콜럼버스는 구대륙을 침략하였다는 생각으로 토론을 한 결과 지금도 콜럼버스가 구대륙을 침략했다는 생각은 변함이 없습니다. 미국에서 해마다 10월 12일 '콜럼버스 데이'를 '원주민의 날'로 바꾸어야 한다며 거세게 항의한다고 들었습니다. 저희 찬성 팀에서는 생각의 차이로 인해서 더 이상의 충돌과 그로 인한 인명 피해는 없어야 한다는 생각입니다.

반대 팀의 최종 발언

S : 저희 반대 팀에서는 콜럼버스는 신대륙을 발견한 위대한 탐험가라

는 생각으로 토론을 시작했습니다. 그런데 토론을 하는 과정에서 찬성 팀에서 다른 나라를 침입하여 식민지화한 역사적인 사례를 말했을 때 대답을 할 수 없었습니다. 그래서 토론 과정을 통해 콜럼버스는 침략자일 수도 있다는 생각으로 변하게 되었습니다. 콜럼버스에 대해 정확히 이해하려면 좀 더 자료를 찾아보고 공부해야겠다는 생각을 했습니다.

하브루타 모둠 토론 모습

하브루타 전체 토론 모습

06
하브루타 질문 놀이
논술

아이들이 자신의 생각을 표현하는 방법으로 토론과 더불어 글쓰기가 있다. 토론은 자신의 생각을 말로 하는 것이고 논술은 글로 쓰는 방법이다. 글쓰기는 남의 글을 따라 옮겨 적는 필기(筆記)와는 달리 자신의 생각을 표현하는 방법이다. 특히 논리적이고 비판적인 생각을 글로 쓰는 논술에서 가장 기본이 되고 생각을 정리할 수 있는 방법이 4단 논법, 6단 논법이다. 4단 논법은 주로 저학년에 알맞으며, 6단 논법은 고학년 글쓰기로 알맞다. 토론을 잘하는 것이 목적이라면 4단 논법, 6단 논법을 먼저 써서 자신의 생각을 다듬고, 논술을 잘하는 것이 목적이라면 토론을 한 후 최종적으로 자신의 생각을 정리해 쓰면 논리적이고 비판적인 사고를 형성하는 데 도움이 될 수 있다.

하브루타 4단 논법으로 놀아 볼까

4단 논법의 순서는

1. 주장

논제에 대해 '~해야 할까? ~옳을까?'에 대해 ~라고 생각한다.

2. 이유(근거)

왜냐하면 첫째, ~ 둘째, ~ 셋째, ~ 때문이다.

3. 설명

예를 들면 ~

4. 최종 변론(정리)

따라서 ~이 더 타당하기 때문에 ~해야 한다./하지 말아야 한다.

3학년 박○○ 학생이 쓴 하브루타 4단 논법(찬성)의 예시이다.

순서	내용
주장	'덕재가 훈장님께 한 거짓말은 옳을까?'에 대해 옳다고 생각한다.
이유 (근거)	왜냐하면 첫째, 덕재는 친구들을 위해 거짓말을 한 용감한 아이다. 둘째, 훈장님이 먼저 거짓말을 했기 때문에 따라 할 수 있다.

설명	덕재는 친구들을 회초리에서 구해 낸 매우 용감하고 재치 있는 아이다. 그리고 거짓말을 통해 훈장님의 꿀 드시는 버릇도 고칠 수가 있었다. 만약에 훈장님이 꿀을 독이라고 거짓말을 하지 않으셨다면 덕재도 거짓말을 하지 않았을 것이다. 덕재와 같은 어린이는 어른을 따라 할 수 있다.
최종 변론	만약 덕재가 거짓말을 하지 않았다면 아이들은 모두 엄청나게 회초리로 맞았을 것이다. 그리고 훈장님은 계속해서 꿀을 몰래 드시는 습관이 있을 것이다. 따라서 덕재의 거짓말은 회초리도 안 맞고 훈장님의 버릇도 고쳤기 때문에 옳다고 생각한다.

3학년 최○○ 학생이 쓴 하브루타 4단 논법(반대)의 예시이다.

순서	내용
주장	'덕재가 훈장님께 한 거짓말은 옳을까?'에 대해 옳지 않다고 생각한다.
이유 (근거)	왜냐하면 첫째, 덕재의 거짓말은 하얀 거짓말이라고 볼 수 없다. 둘째, 덕재의 거짓말은 일부러 연적까지 깨뜨린 나쁜 마음의 거짓말이었기 때문이다.
설명	하얀 거짓말은 자신이 아닌 상대방을 배려해서 하는 거짓말인데 덕재는 친구들을 위한 것보다 자기 자신이 회초리를 맞지 않으려고 거짓말을 했기 때문에 하얀 거짓말이라고 보기 어렵다. 또한 덕재는 어쩔 수 없이 갑자기 거짓말을 한 것이 아니라 훈장님이 아끼는 귀한 연적까지 깨뜨리면서 거짓말을 준비했기 때문에 나쁜 마음으로 한 거짓말이라고 볼 수 있다.
최종 변론	훈장님이 먼저 거짓말을 하거나 아이들 보는 곳에서 꿀을 드시는 행동은 옳다고 볼 수 없으나 어른의 잘못을 그대로 따라 하기보다는 자신의 실수나 잘못된 행동을 사실대로 말하고 용서받는 것이 옳다고 생각한다.

하브루타 6단 논법으로 놀아 볼까

6단 논법의 순서는

1. 주장

논제에 대해 '~해야 할까? ~옳을까?'에 대해 ~라고 생각한다.

2. 이유(근거)

왜냐하면 첫째, ~ 둘째, ~ 셋째, ~ 때문이다.

3. 설명

예를 들면 ~

4. 예상 반론

상대편에서는 ~ 질문을 하거나 반론할 수도 있다.

5. 반론 꺾기

이에 대한 대안으로는, 질문에 대한 답변으로는 ~

6. 최종 변론(정리)

따라서 ~이 더 타당하기 때문에 ~해야 한다./하지 말아야 한다.

6학년 황○○ 학생이 쓴 하브루타 6단 논법(찬성)의 예시이다.

순서	내용
주장	'행복하기 위해서는 돈이 중요한가?'에 대해 중요하다고 생각한다.
이유 (근거)	왜냐하면 첫째, 우리는 돈으로 무엇이든지 살 수 있는 사회에서 살고 있기 때문이다. 둘째, 행복감은 꿈을 이루거나 자신이 원하는 것을 이루었을 때 느낄 수 있는데 그러려면 돈이 필요하기 때문이다.

설명	요즘은 돈으로 살 수 있는 것이 매우 많다. 우리가 행복을 느낄 수 있는 가족이나 친구와 함께 하는 시간도 돈이 있어야 가능하다. 가족 간의 여행이나 취미 생활, 친구와의 놀이, 여가 시간도 돈이 있어야 가능하다. 또한 미래의 꿈을 이루기 위해서는 준비하는 데 들어가는 비용이 필요하고 배우기 위한 돈이 필요하다. 즉 자신이 원하고 이루고자 하는 일들은 모두 돈이 중요하고 이로 인해 행복하다고 생각할 것이다.
예상 반론	물론 상대편에서는 이렇게 질문할 수 있다. 가족 간의 사랑, 친구와의 우정을 돈으로 살 수 있는가? 꿈을 이루기 위해서 돈보다도 노력이 더 중요하지 않은가?
반론 꺾기	이 질문에 대한 답은 다음과 같다. 물론 사랑, 우정은 돈을 직접 주고 살 수 있는 것은 아니다. 그러나 사랑과 우정도 말로만 하는 것이 아니라 선물을 주고 표현을 해야 가능하다고 생각한다. 또한 꿈을 이루기 위해서는 돈보다도 노력이 중요하지만 아무리 노력해도 돈이 없다면 헛수고가 되는 경우가 많다.
최종 변론	'개천에서 용 난다.'라는 속담은 요즘같이 돈을 중요시하는 세상과는 어울리지 않는 옛말이 되어 버렸다. 요즘은 금수저는 평생 금수저로 살고 흙수저는 아무리 노력해도 흙수저일 수밖에 없다. 또한 마음이나 말보다는 선물 등의 돈으로 표현을 해야 가족, 친구 간의 사랑과 우정도 얻을 수 있기 때문에 행복하기 위해서는 돈이 중요하다고 생각한다.

6학년 송○○ 학생이 쓴 하브루타 6단 논법(반대)의 예시이다.

순서	내용
주장	'행복하기 위해서는 돈이 중요한가?'에 대해 중요하지 않다고 생각한다.
이유 (근거)	왜냐하면 첫째, 행복이라는 감정을 돈으로 살 수는 없다. 둘째, 돈을 벌거나 지키기 위해서는 심한 스트레스를 받아 건강을 잃을 수 있기 때문이다.

설명	예를 들면 부탄 국민들은 1인당 국민소득이 우리나라의 10분의 1도 안 되는 수준이지만 국민의 97%가 행복하다고 한다. 그리고 전 세계에서 행복한 나라는 부유한 나라가 아니라 오히려 돈이 적은 후진국이었다. 행복은 돈이 많아서 오는 감정이 아니라 돈이 없어도 다른 이유로 행복해질 수 있으며 오히려 돈을 벌거나 지키기 위해 건강을 더 잃을 수도 있다고 생각한다.
예상 반론	물론 상대편에서는 이렇게 질문 할 수 있다. 행복감을 가지려면 돈 말고 다른 무엇이 필요한가? 건강도 돈이 있어야 지킬 수 있지 않은가?
반론 꺾기	행복을 느끼려면 돈이 없어도 가족이나 친구와 함께 대화하는 시간이 중요하다. 아무리 돈이 많아도 대화가 부족하면 외로움을 느끼고 행복하지 않으며 우울증에 걸리기도 쉽다. 건강은 돈이 있어야 지킬 수 있다고 했는데 그건 이미 건강이 아주 나빠져서 병원에 가야 하는 경우이다. 어릴 때부터 건강을 위해 운동하고 바른 자세 등 좋은 습관을 가지거나 긍정적인 생각을 가지면 훨씬 건강한 생활을 할 수 있다고 생각한다.
최종 변론	행복하기 위해서 돈이 중요하다면 선진국의 국민이 더 행복하다고 말해야 하고 부자는 모두 행복하다고 말해야 한다. 그러나 이와는 반대로 오히려 부유하지 못한 나라의 국민이 더 행복감을 느끼며 돈이 많지 않은 평범한 사람들이 오히려 행복하게 살고 있다. 따라서 어릴 때부터 좋은 습관, 긍정적인 생각으로 건강하게 살아가는 것이 행복하기 위해 중요하다고 본다. 따라서 행복하기 위해서는 돈이 중요하다고 생각하지 않는다.

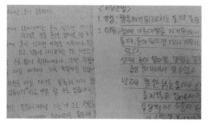

아이들이 쓴 하브루타 6단 논법

하브루타 4단 논법 자료를 준비하는 모습

CHAPTER 05

하브루타 질문 놀이
실천 로드맵

01
하브루타 질문 놀이
연간 스케줄

하브루타 질문 놀이를 적용해 보고 싶은데 어떻게 시작할지, 어떠한 과정을 거쳐야 할지 난감하다는 선생님들의 요청이 있어 연간 스케줄을 만들었다. 선생님 각자의 흐름에 맞게 수정, 보완하면 좋을 것이다. 중요한 것은 질문을 통한 대화의 필요성, 소통과 공감 문화를 형성하고자 하는 마음이 우선되어야 한다는 것이다. '시작은 반이다.'라는 말처럼 시작하고자 하는 마음으로 책 한 권을 손에 잡는 일이 제일 중요하다.

하브루타 질문 놀이 학급 운영 및 교육 과정 연간 계획을 간단히 정리하고 자세한 내용을 이어서 추가 기록했으니 학급 운영과 교육 과정을 계획하고 운영하는 선생님들에게 조금이라도 보탬이 되었으면 한다.

월	하브루타 질문 놀이 내용
1~2	하브루타 관련 도서 읽기, 질문 놀이 연습하기, 하브루타 학급 운영·교육 과정 계획하기
3	하브루타 생활 지도, 질문 놀이 수업하기, 하브루타 교실 환경 구성하기
4	질문 교실 문화 만들기, 질문 놀이 수업에 적용하기, 독서 하브루타
5	부모 하브루타, 하브루타 연구회 및 카페 활동하기, 시(詩) 하브루타
6	하브루타 진로 교육, 하브루타 질문 수업 참관 및 수업 대화 참석
7~8	하브루타 수행 평가, 상반기 하브루타 실천 학생 만족도 조사 및 학부모 설문 조사를 통한 피드백
9	하브루타 환경 교육, 하브루타 질문 놀이 공동 수업 연구
10	하브루타 독서 토론회 운영, 하브루타 질문 놀이 수업 공개 및 수업 대화
11~12	하브루타 수행 평가, 하반기 하브루타 실천 학생 만족도 조사 및 학부모 설문 조사를 통한 피드백

1~2월

- 하브루타 선생님
  - 하브루타에 관심 갖기, 하브루타 관련 도서 읽기 및 연수 이수하기, 다양한 하브루타 질문 놀이 익히기
- 하브루타 학급 운영 및 교육 과정 계획하기

실천 내용	실천 방법
독서 여행 (★필수)	◎ 하브루타 관련 추천 도서 ＊『최고의 공부법』(전성수, 경향BP) - 하브루타에 관련된 이론 도서 - 하브루타를 해야 하는 이유를 알자. ＊『부모라면 유대인처럼 하브루타로 교육하라』(전성수, 예담프렌드) - 유대인 자녀 교육서 하브루타 소개 - 하브루타의 의미를 알자. ＊『하브루타 질문 놀이』(이진숙, 경향BP) - 하브루타를 시작하기 전에 질문 놀이 배우기 - 하브루타 수업 사례 및 실천 내용 엿보기
원격 연수 (☆선택)	◎ 하브루타 관련 원격 연수 받기 (이 책 5장 3절 참고)
질문 놀이 연습하기 (★필수)	◎ 질문 놀이 연습하기(이 책 3장 참고) ＊질문으로 바꿔 읽기(동시, 동화책으로 ~까? 연습) ＊질문 노래 부르기(동요, 가요로 흥얼흥얼~) ＊질문 릴레이 (한 단어, 한 문장, 텍스트로 많은 질문 만들어 보기) - 교사가 먼저 질문을 많이많이 만들어 보아야 해요. ＊질문 꼬리잡기(친구, 가족과 직접 해 보아요)
하브루타 교육 과정 (★필수)	◎ 하브루타 적용 내용 교육 과정에 반영하기 ＊수업 방법 및 수행 평가 계획하기 ◎ 하브루타 학급 운영 계획 세우기 ＊생활 지도, 독서 교육, 진로 교육, 환경 교육, 가정과 연계 운영

3월

- 하브루타 학급 운영
  - 생활 지도, 자리 배치, 교실 환경, 질문 놀이 익히기, 질문 교실 문화 만들기
- 하브루타 교육 과정
  - 다양한 질문 놀이 익히기 및 수업에 적용하기

실천 내용	실천 방법
독서 여행 (★필수)	◎ 하브루타 관련 추천 도서 * 『하브루타 질문 놀이』(이진숙, 경향BP) - 하브루타를 시작하기 전 질문 놀이 배우기 - 하브루타 수업 사례 및 실천 내용 엿보기
생활 지도 (★필수)	◎ 하브루타를 생활 지도에 적용하기 * 하브루타 질문으로 자기 소개하기 * 싸우는 아이, 화해하는 방법 적용 - 질문 릴레이(이 책 1장 4절 참고) * 수업 준비, 정리정돈하기 적용 - 손가락 접어 질문 놀이(이 책 3장 4절 참고)
학부모 설명회 안내 (★필수)	◎ 학부모 설명회의 날 하브루타 관련 내용 안내하기 * 하브루타 관련 내용 유인물 준비 및 설명하기 - 하브루타 의미, 필요성, 학급 운영에 적용 - 하브루타 질문 놀이 교육 과정에 적용
질문 놀이 수업 (★필수)	◎ 질문 놀이 수업에 적용하기(이 책 3장 참고) * 질문으로 바꿔 읽기(국어과, 사회과) * 질문 노래 부르기(음악과) * 질문 릴레이(전과목) * 질문 꼬리잡기(전과목)
자리 배치 (☆선택)	◎ 자리 배치하기 (『하브루타 질문 놀이』 3장 참고) * 1:1 짝 하브루타 * 1:3 모둠 하브루타
교실 환경 구성 (☆선택)	

4월

- 하브루타 학급 운영
  - 생활 지도, 쉬는 시간의 질문 놀이 활용하기, 질문 교실 문화 만들기
- 하브루타 교육 과정
  - 다양한 질문 놀이 익히기, 교과 수업에 적용하기, 독서 하브루타 실시

실천 내용	실천 방법
독서 여행 (★필수)	◎ 하브루타 관련 추천 도서 ＊『질문이 있는 교실』(초등 편, 중등 편, 경향BP) - 질문하는 수업 방법 연구 - 하브루타 수업 사례 엿보기
생활 지도 (★필수)	◎ 하브루타를 생활 지도에 적용하기 ＊ 싸우는 아이, 화해하는 방법 꾸준히 적용-질문 릴레이 ＊ 수업 준비, 정리정돈 습관화하기-손가락 접어 질문 놀이
질문 놀이 수업 (★필수)	◎ 질문 놀이 수업에 적용하기(이 책 3장 참고) ＊ 6하 원칙 질문 놀이(국어과, 사회과) ＊ 질문 빙고 놀이(전과목) ＊ 질문 주사위 놀이(전과목) ＊ 질문 퍼즐 놀이(전과목)
쉬는 시간 질문 놀이 (☆선택)	◎ 즐거운 하브루타 질문 놀이 즐기기 ＊ 질문 속담 놀이(이 책 3장 2절 참고) ＊ 질문 잇기 놀이(이 책 3장 2절 참고)
독서 하브루타 (☆선택)	◎ 책과 함께 하는 하브루타 질문 놀이 적용하기 ＊ 책 읽기 하브루타 질문 북(Book) 놀이(이 책 4장 2절 참고) - 전래 동화 질문 놀이 - 영어 동화 질문 놀이 ＊ 동화책을 활용한 하브루타 인성 교육 사례 (『하브루타 질문 놀이』 4장 5절 참고)

5월

- 하브루타 학급 운영
  - 생활 지도, 하브루타 토론 문화 형성, 부모 하브루타 운영
- 하브루타 교육 과정 : 시(詩) 하브루타 적용
- 하브루타 선생님 : 하브루타 연구회 및 관련 카페 가입 및 활동하기

실천 내용	실천 방법

독서 여행
(★필수)
	◎ 하브루타 관련 추천 도서
	  * 『하브루타 부모 수업』(김혜경, 경향BP)
	  - 가정에서 실천하는 하브루타 방법
	  - 하브루타를 실천하는 부모 이야기

부모
하브루타
(☆선택)
	◎ 부모님과 함께 하는 하브루타 질문 놀이
	  * 부모 하브루타 질문 놀이 연수 실시
	  * 가정에서 함께 하는 하브루타 질문 놀이 운영하기
	    (이 책 3장 참고)

질문 놀이
수업
(★필수)
	◎ 질문 놀이 수업에 적용하기(이 책 3장 참고)
	  * 질문 역할 놀이(전과목)
	  * 다양한 질문 놀이 활용하기(전과목)
	◎ 하브루타 질문 놀이 수업 사례 적용하기
	  (『하브루타 질문 놀이』 4장 참고)

하브루타
연구회
(☆선택)
	◎ 하브루타 연구회 및 카페 활동하기
	  * 전국, 지역별 하브루타 연구회에 참여하여 함께 활동하기
	  * 하브루타 관련 인터넷 카페 가입하여 활동하기

시(詩)
하브루타
(☆선택)
	◎ 시(詩)와 하브루타 질문 놀이 컬래버레이션(이 책 4장 3절 참고)
	  * 시의 느낌을 살리는 질문 놀이
	  * 나만의 시로 바꾸는 질문 놀이

6월

- 하브루타 학급 운영
  - 진로 교육, 하브루타 토론 문화 형성
- 하브루타 교육 과정 : 하브루타 질문 놀이 수업 설계 및 과정안 작성
- 하브루타 선생님 : 하브루타 수업 참관 및 수업 대화 참석하기

실천 내용	실천 방법
독서 여행 (★필수)	◎ 하브루타 관련 추천 도서 * 『하브루타 수업이야기』(하브루타수업연구회, 경향BP) - 교과별 하브루타 수업 사례 - 하브루타 진로 수업 참고하기
진로 교육 (☆선택)	◎ 하브루타를 진로 교육에 적용하기 * 진로 교육의 날 운영(하브루타 질문 적용하기) * 진로 교육과 하브루타의 만남 * 나의 꿈에 관한 대화 나누기
질문 놀이 수업 (★필수)	◎ 하브루타 질문 놀이 수업 설계(『하브루타 질문 놀이』 3장 참고) * 하브루타 질문 놀이 적용을 위한 교육 과정 재구성 방법 * 하브루타 질문 놀이 수업 디자인 ◎ 하브루타 질문 놀이 수업 교수·학습 과정안 작성 (『하브루타 질문 놀이』 3장 참고) * 하브루타 질문 놀이 수업 과정안(약안, 본시안 작성)
하브루타 수업 참관 (★필수)	◎ 하브루타 질문 놀이 수업 참관 * 전국, 지역별 하브루타 연구회에서 주관하는 수업 공개 참석 * 학습자 중심으로 수업 질문 놀이, 수업 대화 관찰하기
하브루타 수업 대화 (★필수)	◎ 하브루타 질문 놀이 수업 대화 참석 * 하브루타 질문 놀이 수업 관련 궁금한 내용 질문하기 * 평소의 수업 고민 나누고 해결 방안 대화하며 생각하기

7~8월

- 하브루타 학급 운영
  - 상반기 학생 만족도 조사 및 학부모 설문 조사
- 하브루타 교육 과정 : 하브루타 수행 평가 실시
- 하브루타 선생님 : 하브루타 학급 운영, 교육 과정 피드백(보완, 수정, 재구성)

실천 내용	실천 방법
독서 여행 (★필수)	◎ 하브루타 관련 추천 도서 ＊『질문이 살아 있는 수업』(김현섭, 한국협동학습센터) - 질문하는 방법, 질문이 살아 있는 교육 과정 재구성 - 질문에 대해 구체적으로 공부하기
수행 평가 (★필수)	◎ 하브루타 질문 놀이 수업에서의 평가 방법 적용하기 (『하브루타 질문 놀이』 3장 7절 참고) ＊ 대화(토의 및 토론)식 수업 관찰 수행 평가 ＊ 질문 만들어 자신의 생각 정리해 쓰기(논술형 수행 평가)
질문 놀이 수업 (★필수)	◎ 하브루타 질문 놀이 융합 수업 설계 및 적용하기 (『하브루타 질문 놀이』 4장 2절, 이 책 4장 4절 참고) ＊ 예술 작품 감상 수업 적용하기(국어, 미술과 융합 수업) ＊ 딜레마 상황의 대화 수업 적용하기(도덕, 국어과 융합 수업)
학생 만족도 조사 (★필수)	◎ 하브루타 학급 운영 및 교육 과정 실천 관련 학생 만족도 조사 ＊ 질문지 작성법, 면담을 통한 학생 만족도 조사 ＊ 하브루타 질문 놀이 수업 및 학급 운영 성찰하기 ＊ 하브루타 학급 운영, 교육 과정 피드백(보완, 수정, 재구성)
학부모 설문 조사 (★필수)	◎ 하브루타 학급 운영 및 교육 과정 실천 관련 학부모 설문 조사 ＊ 질문지 작성법, 면담을 통한 학부모 설문 조사 ＊ 하브루타 질문 놀이 수업 성찰하기 ＊ 하브루타 학급 운영, 교육 과정 피드백(보완, 수정, 재구성)

9월

- 하브루타 학급 운영
  - 환경 교육(환경 지킴이 수칙, 공정 여행 실천하기)
- 하브루타 교육 과정
  - 하브루타 질문 놀이 동학년(동교과) 공동 수업안 작성, 동학년 수업 대화

실천 내용	실천 방법
독서 여행 (★필수)	◎ 하브루타 관련 추천 도서 　*『교육적 질문하기』(교육이론실천연구회, 교육과학사) 　- 질문의 성격과 방법 알기 　- 교과와 질문 사례 엿보기
환경 교육 (☆선택)	◎ 하브루타를 환경 교육에 적용하기 　(『하브루타 질문 놀이』 4장 4절 참고) 　* 공정(착한) 여행 알고 실천하기 　* 하브루타 질문 대화를 통해 환경지킴이 수칙 정해 실천하기
질문 놀이 수업 (★필수)	◎ 동학년(동교과) 공동 수업 과정안 작성 및 수업 대화 　* 상반기 동안 하브루타 질문 놀이로 수업한 사례 공유하기 　* 하브루타 질문 놀이 수업 실천 및 피드백 내용 성찰하기 　* 하브루타 질문 놀이 수업 과정안 초안 작성 및 나누기 　* 하브루타 질문 놀이 수업 과정안 컨설팅 받기 　* 하브루타 질문 놀이 수업 과정안 수정 및 컨설팅 받기 　* 하브루타 질문 놀이 수업 과정안 완성 및 수업 준비 (Tip : 컨설턴트는 수석교사(교감), 경력교사이며 동료 상호간 컨설팅도 좋아요.)

10월

- 하브루타 학급 운영
  - 하브루타 독서 토론회 운영
- 하브루타 교육 과정
  - 하브루타 질문 놀이 동료 수업 공개 및 수업 성찰(수업 대화)

실천 내용	실천 방법
독서 여행 (★필수)	◎ 하브루타 관련 추천 도서 ＊『질문하고 대화하는 하브루타 독서법』(김정완·양동일, 예문) - 말로 하는 인문고전 독서공부 방법 - 아이가 직접 말하고 글 쓰는 독서 방법 엿보기
독서 토론회 (☆선택)	◎ 하브루타 독서 토론회 운영 ＊ 한 권 읽기 수업과 연계하여 토론할 책 선정 ＊ 토론 주제 정하기, 토론팀 구성하기 ＊ 토론 입장 정하기 및 자료 준비 ＊ 모둠 찬반 토론 및 전체 찬반 토론 ＊ 토론회 성찰 및 피드백 나누기
질문 놀이 수업 (★필수)	◎ 동학년(동교과) 공동 수업 공개 및 수업 대화 ＊ 9월의 동학년(동교과) 공동 수업 연구한 내용 동료 수업 공개 ＊ 수업 성찰 및 비평, 수업 대화를 통한 피드백 실시

11~12월

- 하브루타 학급 운영
  - 하반기 학생 만족도 조사 및 학부모 설문 조사
- 하브루타 교육 과정 : 하브루타 수행 평가 실시
- 하브루타 선생님 : 하브루타 학급 운영, 교육 과정 피드백(보완, 수정, 재구성)

실천 내용	실천 방법
독서 여행 (★필수)	◎ 하브루타 관련 추천 도서 ＊『교사, 삶에서 나를 만나다』(김태현, 에듀니티) – 일상에서의 수업을 되돌아보며 위로받기 – 교사로서 신념 세우기
수행 평가 (★필수)	◎ 하브루타 질문 놀이 수업에서의 평가 방법 적용하기 (『하브루타 질문 놀이』 3장 7절 참고) ＊ 수업 대화를 통한 관찰 및 생각 정리 공책 수행 평가 ＊ 나만의 생각 논술형 수행 평가(4단, 6단 논법)
질문 놀이 수업 (★필수)	◎ 하브루타 질문 놀이 수업 정착하기 ＊ 다양한 질문 놀이를 통한 나만의 생각 표현하기 ＊ 배움을 일상에서 실천하기 (이 책 4장 1절 참고) ＊ 하브루타 질문 놀이 공책 정리하기
학생 만족도 조사 (★필수)	◎ 하브루타 학급 운영 및 교육 과정 실천 관련 학생 만족도 조사 ＊ 질문지 작성법, 면담을 통한 학생 만족도 조사 ＊ 차시 학년 준비 : 하브루타 학급 운영, 교육 과정 피드백 (보완, 수정, 재구성) ＊ 하브루타 관련 전문가와 상담 및 컨설팅 받기
학부모 설문 조사 (★필수)	◎ 하브루타 학급 운영 및 교육 과정 실천 관련 학부모 설문 조사 ＊ 질문지 작성, 면담을 통한 학부모 설문 조사 ＊ 하브루타 질문 놀이 수업 성찰하기 ＊ 차시 학년 준비 : 하브루타 학급 운영, 교육 과정 피드백 (보완, 수정, 재구성)

02
하브루타 질문 놀이
Q&A

Q 하브루타 질문 놀이는 왜 필요한가?

A 배움은 '물음표'를 던져 '느낌표'를 얻는 과정이다. 더 나아가 '물음표'
  를 던져 '느낌표'를 얻는 순간 또 다른 '물음표'가 생기는 인터러뱅(?)
  의 과정이기도 하다. 배움의 과정에서 호기심과 의문을 통한 '물음표'
  를 던지지 않으면 '느낌표' 속에서 얻을 수 있는 재미와 기쁨 또한 없
  다. 평생 공부하는 시대에 공부 자체를 지겹고 힘들고 재미없게 생각
  하는 학습자에게 공부가 재미있고 행복감을 줄 수 있다는 공부의 본질
  을 회복시켜 주어야 한다.

  하브루타 질문 놀이는 다양한 질문 놀이로 공부를 재미있게 즐기면서

대화할 때 메타인지가 상승되는 가장 효율적인 공부 방법이다. 아울러 자연스럽게 질문을 통해 소통하고 공감하는 대화 문화를 형성하는 일이다. 하브루타 질문 놀이는 4차 산업혁명의 인공지능과 공존하는 시대에서 인공지능이 할 수 없는 즉흥적으로 떠오르는 질문 능력, 데이터만으로는 해결할 수 없는 공감하고 소통하는 능력을 키우기 위해 꼭 필요하다.

Q 하브루타 질문 놀이와 하브루타는 어떻게 다른가?

A 하브루타는 친구와 짝을 정해 질문하고 대화(토론, 논쟁)하는 공부 방법인 동시에 질문, 대화를 통해 소통하고 공감하는 문화를 형성하는 일이다. 하브루타 질문 놀이는 '배움은 놀이에서 시작한다.'는 생각으로 하브루타에 다양한 질문 놀이를 결합해 공부를 놀이하듯, 게임하듯 시간 가는 줄 모르게 몰입하며 기쁨과 행복감을 느끼는 과정이라 할 수 있다.

Q 배움은 놀이에서 시작한다는 의미는 무엇인가?

A 놀이를 즐기는 사람이 창의적인 유연성을 가지고 새로운 창조의 세계를 열어 왔다. 이를 생각할 때 놀이의 본질을 단순히 공부나 일을 위한 휴식의 도구 정도로 가볍게 생각하거나 공부와 놀이를 분리시켰던 기존 사고방식이 아니라 놀이를 통해 배움이 시작되고 공부와 놀이와의 융합 과정에서 '놀이는 더 이상 어린이의 전유물이 아니며 공부와 놀이(게임)의 통합은 분야와 경계를 넘나드는 창조적 사고를 가능하게

한다.'는 새 패러다임으로 완전히 바뀌고 있음을 의미한다.

Q 하브루타 질문 놀이를 적용할 때 기대하는 효과는 무엇인가?

A 주입식 강의 교육, 지시 전달 문화에서 궁금한 것이 없는 아이들, 질문
할 줄 모르는 아이들, 질문할 필요성도 그 중요성도 전혀 알지 못했던
우리 아이들이 '하브루타 질문 놀이'를 통해 습관적으로 궁금증과 호
기심이 생겨 질문을 할 수밖에 없음을 깨닫게 될 것이다. 또한 질문을
통해 대화로 해답을 찾아가는 소통과 협력의 과정을 통해 생각을 깊게
하고 창의적으로 표현하는 능력을 향상시킬 수 있다. 하브루타 질문
놀이가 가정에서는 가족 간에 대화를 살아나게 하고, 학교에서는 호기
심과 궁금증을 통한 탐구의 경험들과 협력적인 관계가 아이의 인성을
바꾸어 주는 중요한 역할을 할 수 있을 것으로 생각한다. 아울러 하브
루타 질문 놀이를 통해 사회 전체가 소통과 협력의 질문 문화를 형성
할 수 있을 것으로 기대한다.

Q 게이미피케이션과 하브루타 질문 놀이는 어떤 관련이 있는가?

A 하브루타 질문 놀이는 게임(놀이)적 사고와 기법을 도입하여 게임처럼
재미있게 즐기며 몰입할 수 있는 교육 방식(게이미피케이션)으로서 학
교 수업뿐만 아니라 생활 지도, 학급 운영, 가정 교육 등에서 다양하게
활용되고 있다. 게이미피케이션의 주요 사례로는 아르헨티나에서 글
을 모르는 비행 청소년을 대상으로 디아블로(Diablo) 게임을 통해 문
맹률을 낮추는 방법, 네이버 지식IN에서 궁금한 점을 물어보고 답변해

주는 사람에게 '내공'이란 포인트를 제공하고 지식인 등급을 상승시켜 주는 일, 덕평 휴게소의 남자화장실 소변기에 설치된 게임기, 싱가포르 맥도날드에서 방문률을 높이기 위해 시행하고 있는 Happy Table 마케팅 기법을 들 수 있다.

Q 하브루타 질문 놀이와 코딩 교육과는 어떤 관련이 있는가?

A. 4차 산업혁명 시대에는 컴퓨팅 사고력이 대단히 중요하다. 컴퓨팅 사고력은 컴퓨터가 문제를 해결하는 방식처럼 복잡한 문제를 단순화하고 이를 논리적, 효율적으로 해결하는 능력을 말한다. 어떤 문제점이 생겼을 때 그 문제를 잘게 쪼개고 분석하고 패턴을 읽은 후 문제를 해결하기 위해 구조화하는 과정을 코딩을 통해 배울 수 있다. 학생들의 문제 해결력, 창의력, 논리적 사고력을 함양시키기 위한 컴퓨팅 사고력은 주입식 교육이 아닌 질문으로 소통하는 하브루타 질문 놀이를 통해 코딩 교육을 했을 때 그 효과가 크다고 할 수 있다.

Q 하브루타 질문 놀이를 할 때 좋은 질문은 어떤 질문인가?

A 하브루타 질문 놀이에서 좋은 질문과 나쁜 질문을 명확하게 구분하는 것은 큰 의미가 없다고 『하브루타 질문 놀이』 3장에서 이미 말한 바 있다.

하브루타 질문 수업에서는 질문 자체가 좋은 질문, 나쁜 질문으로 나뉘지 않는다. 질문이 어떻게 사용되는가에 따라 좋은 질문이 될 수도 있고 나쁜 질문이 될 수도 있기 때문이다. 목적과 맥락에 맞으면 좋은 질문이 되고, 목적과 맥락에 맞지 않으면 나쁜 질문이 될 수 있다. 목적에 맞는 질문은 목적에 맞는 생각과 관찰, 탐구, 재질문을 하게 한다. 반면에 목적에 맞지 않는 질문은 목적과 관련 없는 생각과 관찰, 탐구를 하게 만들어서 목적과 관련된 생각을 오히려 제약하고 관찰과 탐구, 재질문을 막을 수 있기 때문이다.

교과서의 질문과 같이 텍스트를 알기 위한 질문은 텍스트 내용과 관련된 정답이 있는 질문이 좋은 질문이고, 창의적인 사고와 상상력을 키우기 위한 질문은 정답이 없는 질문이 좋은 질문이라 할 수 있다.

호기심을 키우기 위한 것이 목적이라면 다음과 같은 사례를 통해 좋은/나쁜 질문으로 구분할 수 있을 것이다.

〈Tip〉 아이의 호기심을 키우는 나쁜 질문 vs 좋은 질문

–정답이 있는 사실 질문보다는 정답이 없는 적용, 상상질문을 할 때 호기심이 커진다.

우리나라 사계절의 날씨는 어떠한가?(×)

좋아하는 계절과 그 이유는 무엇인가?(○)

주인공의 성격은 어떠한가?(×)

주인공의 성격을 생각하면 뒷이야기는 어떻게 될까?(○)

–사고가 닫힌 질문보다 역발상을 할 수 있는 열린 질문을 할 때 호기심이 커진다.

백설 공주는 무엇을 먹고 잠들었는가?(×)

백설 공주가 잠들지 않았다면 어떤 일이 생겼을까?(○)

젊어지는 샘물을 마신 욕심쟁이 할아버지는 왜 아기로 변했을까?(×)

욕심쟁이 할아버지가 샘물을 마시지 않고 사람들에게 샘물을 팔았다면 어떻게

되었을까?(○)

–느낌을 묻는 질문보다 오감을 통해 표현할 수 있는 질문 일 때 호기심이 커진

다.

시(詩)를 읽고 어떤 느낌이 들었니?(×)

시의 느낌을 색깔로 표현한다면 무슨 색으로 하고 싶니?(○)

밀레의 '이삭줍기' 그림을 보고 어떤 느낌이 들었니?(×)

밀레의 '이삭줍기' 그림과 어울리는 음악은 무엇일까?(○)

–단순히 경험을 묻는 질문보다 경험을 통해 알게 된 내용을 질문할 때 호기심

이 커진다.

선의의 거짓말을 했던 경험이 있니?(×)

선의의 거짓말을 한 후 어떤 생각을 했니?(○)

독서 토론을 해 봤니?(×)

독서 토론을 할 때 도움이 되었거나 어려운 점은 무엇이었니?(○)

Q 하브루타 질문 놀이는 몇 학년부터 시작하는가?

A 하브루타 질문 놀이는 시작하는 학년이 따로 정해진 것은 아니다. 개

인에 따라 다르지만 보통 아이가 생각을 말할 수 있는 나이(만 3세쯤)

부터 가능하다. 그리고 하브루타 질문 놀이는 유치원이나 초등학생만

하는 것이 아니라 중학생, 고등학생, 대학생, 어른 모두 할 수 있다. 앞의 2장에서 말했듯이 어른들도 하브루타 질문 놀이를 배우고 생활에서 활용하고 있다.

Q 하브루타 질문 놀이의 적용 범위는 무엇인가?

A 하브루타 질문 놀이는 수업을 하는 방법으로만 접근하지 않는다. 교실에서의 학급 운영, 생활 지도, 수업에서 모두 적용이 가능하며 가정, 사회에서의 소통을 하기 위한 대화와 표현으로 모두 적용할 수 있다.

Q 학급 운영에서 하브루타 질문 놀이는 어떻게 하는가?

A 학급을 운영할 때 하브루타 질문 놀이는 다양하게 적용할 수 있다. 앞의 연간 스케줄에 소개한 내용과 같이 진로, 환경, 독서, 교육적인 행사 등 교육 과정과 연계한 활동 및 토론 활동, 학급회의, 생활 지도 등에 폭넓게 활용할 수 있으며 연중 꾸준히 가정과 연계 운영할 경우 더욱 효과를 얻을 수 있다.

Q 생활 지도에서 하브루타 질문 놀이는 어떻게 적용해야 할까?

A 학교에서의 하루 생활이 길어지고 학생들이 자유롭게 자신의 의사를 표현하는 과정에서 자칫하면 학생들이 싸우거나 학교폭력으로 확대될 수 있는 문제가 발생할 수도 있다. 이때 교사는 사실을 객관적으로 파악하여 방향을 설정하는 해결자로서의 역할, 불안한 피해학생의 마음을 정서적으로 지지하는 따뜻한 상담자로서의 역할을 잘 수행해야

한다. 아이들과 교사가 교실이라는 공간에서 서로를 존중하고 아이들이 자신의 능력을 최대한 발휘할 수 있도록 격려받으며 지시와 전달에 복종하는 것이 아니라 이해하고 함께 협력하는 방법을 하브루타 질문 놀이를 통해 익히고 자연스럽게 대화할 수 있는 분위기를 형성하는 것이 그 무엇보다 중요하다.

Q 하브루타 질문 놀이는 전 과목 수업에 적용되는가?

A 전 과목 수업에 적용된다. 모든 수업이 궁금한 내용을 질문하고 해답을 생각하기 위해 대화(토론, 논쟁)를 하게 된다. 이때 재미있고 신나는 하브루타 질문 놀이를 활용하여 교과의 특성에 맞게 재구성하면 된다. 전 교과에서의 활용이 가능한 하브루타 질문 놀이를 좀 더 세밀하게 분류해 보면 다음과 같다. 국어과는 이야기의 내용을 상상하거나 생각을 말할 수 있는 질문 놀이(질문 속담 놀이, 질문으로 바꿔 읽기), 과학과는 실험 및 관찰을 유도할 수 있는 질문 놀이(질문 꼬리잡기, 질문 퍼즐 놀이), 사회과는 역사와 사회 현상에 대한 자신의 생각을 정리할 수 있는 질문 놀이(6하 원칙 질문 놀이, 질문 잇기 놀이), 수학과는 원리와 개념을 설명할 수 있는 질문 놀이(질문 주사위 놀이, 질문 빙고 놀이), 예체능 교과는 작품에 대한 느낌과 생각을 표현해 낼 수 있는 질문 놀이(질문 노래 부르기, 질문 역할 놀이, 손가락 접어 질문 놀이)를 많이 활용한다.

Q 하브루타 질문 놀이를 할 때 어른들이 실천해야 할 내용은 무엇인가?

A 하브루타 질문 놀이를 적용하여 효과를 얻기 위해 어른들이 먼저 실천

해야 할 내용은 다음과 같다.

하나, 배움은 재미있고 즐거운 것이라는 생각을 가질 수 있도록 어른들이 먼저 배움의 즐거움을 보여 준다.

둘, 좋은 질문을 하는 능력은 타고나는 것이 아니라 길러지는 것이므로 어른이 먼저 좋은 질문을 하고 아이의 말에 경청하는 모델이 된다.

셋, 아이의 어떠한 질문도 허용하는 분위기를 만들고 재질문을 귀찮게 생각하지 말고 권장한다.

넷, 서로 소통하고 공감하는 분위기를 만들고 주기적으로 질문 놀이를 통한 대화의 시간을 갖는다.

Q 하브루타 질문 놀이를 할 때 지켜야 할 약속은 무엇인가?

A 하브루타 질문 놀이는 혼자 하는 것이 아니라 함께 소통하고 협력하며 어울려 하는 놀이이므로 지켜야 할 예의와 약속은 중요하다. 정해진 약속을 지키고 서로 협력하기 위해서는 다음과 같은 약속을 정해서 지키도록 다 같이 노력한다.

하나, 대화를 할 때 장난으로 하거나 대충하지 말고 최선을 다해 함께 하자고 약속한다.

둘, '그냥, 몰라, 귀찮아, 나도 같은 생각이야,' 등의 생각을 막는 말은 하지 않기로 약속한다.

셋, 질문 후 빠른 대답을 재촉하지 말고 천천히 해도 괜찮다며 기다려 주기로 약속한다.

넷, 상대가 기분 나쁘거나 화날 수 있는 말은 서로 하지 않기로 약속한다.

다섯, 상대의 말을 끝까지 잘 들어 주기로 약속한다.

여섯, 하브루타 질문 놀이를 한 후에는 서로에게 고맙다는 인사를 하기로 약속한다.

Q 하브루타 질문 놀이를 수업 내용과 진도에 맞게 할 수 있는가?

A 하브루타 질문 놀이는 수업 내용(텍스트)에 대해 다양한 질문 놀이로 접근하기 때문에 수업 내용과 동떨어진 것이 아니라 오히려 지루하고 어렵게 생각되는 내용을 쉽고 재미있게 놀이로 풀어 갈 수 있어서 이해와 적용이 빠른 장점이 있다. 또한 하브루타 질문 놀이는 교육 과정 속에 녹여내므로 수업 진도에 맞게 진행된다. 대화, 토론 위주의 방법으로 하게 되면 진도 나갈 시간이 없다는 일부의 우려는 주입식, 강의식 수업에 익숙했던 수업 관행에서 비롯한 것이라고 생각한다. 오히려 하브루타 학습이 주입식, 강의식 학습보다 논술형 수행 평가, 수능형 평가에서 두 배 이상의 높은 결과를 나타낸 점이 실험을 통해 입증된 바 있다.

Q 하브루타 질문 놀이 수업의 수행 평가는 어떻게 하는가?

A 하브루타 질문 놀이의 수행 평가 방법은 여러 가지 방법으로 할 수 있다. 질문하고 대화하는 모습에 대한 관찰 평가, 텍스트에 대해 자신만의 핵심 질문을 만들어 질문에 대한 생각을 정리해 기술하는 논술형 평가, 토론할 주제에 대해 짝 토론, 그룹 토론, 전체 토론 등의 토론 평가, 보고서를 작성하여 발표하는 구술 평가 등 다양하다. 하브루타 질

문 놀이의 평가는 개인의 성과에 대한 평가도 중요하지만 함께 어울려 공부하는 협력이 중요하므로 그룹의 성과에 대한 협력, 협업 평가도 매우 중요하다. 또한 하브루타 질문 놀이를 통한 배움의 결과는 물론 성장하는 과정을 수시로 평가하여 피드백할 수 있는 기회 제공이 필요하다.

03
하브루타 관련 자료 모음

하브루타 관련 도서

『하브루타 질문 놀이』(이진숙)

『부모라면 유대인처럼 하브루타로 교육하라』(전성수)

『최고의 공부법』(전성수)

『질문이 있는 교실(초등편)』(하브루타수업연구회)

『질문이 있는 교실(중등편)』(전성수, 고현승)

『하브루타 질문 수업』(DR하브루타교육연구회)

『질문하는 공부법 하브루타』(전성수, 양동일)

『질문이 살아 있는 수업』(김현섭)

『하브루타 부모 수업』(김혜경)

『하브루타 수업 이야기』(하브루타수업연구회)

『최고의 질문』(피터 드러커)

『하브루타 일상수업』(유현심, 서상훈)

『어린이 하브루타 공부법』(김도윤, 안진수)

『교육적 질문하기』(교육이론실천연구회)

하브루타 관련 연수

연수 과정명	연수원명	연수시간 및 학점
질문하고 토론하는 하브루타 교육의 기적	한국교원연수원	30시간(2학점)
질문하고 토론하는 하브루타 교육의 기적(실전 편)	한국교원연수원	30시간(2학점)
수업을 열어라! 질문과 토론이 있는 하브루타 교실	한국교원연수원	60시간(4학점)
유대인 토론-탈무드 하브루타 러닝	아이스크림 원격교육연수원	30시간(2학점)
질문과 대화의 학생 중심 수업 대화 하브루타	티처빌 원격교육연수원	15시간(1학점)

하브루타 관련 자료 찾기

- 하브루타 질문 놀이   http://cafe.daum.net/qnolly
- 질문의 공부 탈무드원전 & 하브루타 Http://cafe.naver.com/talmudkorea
- 한국 하브루타 교육학회 Http://cafe.naver.com/havrutaeducation
- 하브루타 교육협회 http://www.havruta.re.kr/
- ZINBOOK 하브루타 독서토론 http://cafe.naver.com/zinbook
- 하브루타 부모교육 연구소 http://www.talmudhavruta.com/

공부해서 남 주고 싶다

"공부해서 남 주니?"

"놀면서 언제 공부할래?"

"열심히 공부해야 좋은 대학에 가고 원하는 곳에 취직하지."

자라는 과정에서 흔히 들었던 말입니다. 공부는 오로지 성공하기 위한 길이었으며, 놀이는 공부를 방해하는 하찮은 것으로 여겨졌고, 공부하는 이유가 좋은 대학과 취업을 위한 것인 줄 알았습니다. 언제나 다른 사람과의 경쟁에서 자유로울 수 없었습니다.

그런데 그때로부터 30~40년이 지난 지금에도 우리는 이 같은 말을 되풀이하고 있습니다. 농경사회에서 태어나 산업화, 정보화 시대를 거쳐 4차 산업혁명 시대를 살아가고 있는 저와 같은 세대는 너무나 많은 변화를 체감하며 살았습니다. 그런데 어쩌면 그렇게도 공부에 대한 생각에는 변함이 없을까요? 지금의 어른들은 혹시 아이들을 더욱더 힘겨운 상황으로 몰아가고 있는 것은 아닐까요?

저는 하브루타 질문 놀이를 하면서 아이들을 변화시키기 전에 먼저 제가 갖고 있던 공부에 대한 잘못된 고정관념과 너무 굳어져 버린 오래된 습관들을 하나씩 바꾸기 시작했습니다. 저 자신을 향해 내적인 질문들을 하는 과정에서 단단히 고정되었던 생각의 나사를 풀 수 있었습니다.

공부를 놀이(게임)처럼 재미있게 할 수 있다는 생각은 꿈도 꾸지 못했던 제가 공부는 '물음표'를 던져 '느낌표'를 얻는 재미있는 과정이며 더 나아가 '물음표'를 던져 '느낌표'를 얻는 순간 또 다른 '물음표'가 생기는 인터러뱅(‽)의 과정에서 기쁨을 선물받는 경험을 하고 있습니다. 우리가 공부를 지겹고 힘겨운 과정으로 생각하고 있는 가장 큰 이유는 바로 공부에 대한 호기심과 의문을 갖지 못해서이고, 이로 인해 배움의 재미와 기쁨을 얻지 못한 채 자신의 궁금증이 아닌 남의 생각만을 억지로 전달받기 때문이라는 사실도 깨닫게 되었습니다. 아울러 배움을 나누는 일은 더 많은 배움을 얻게 되는 협력적 활동 과정이며 공부해서 남 주는 일은 살맛 나는 기쁜 일임을 알게 된 것입니다.

"공부해서 남 주고 싶어요."
"공부를 놀이처럼 하니까 기억에 오래 남아요."
"공부를 하는 이유는 재미있으니까, 궁금하니까 하게 돼요."

하브루타 질문 놀이 수업을 경험한 이후 공부에 대한 생각이 바뀐 아이들의 말을 들으며 모든 아이가 정말로 재미있게 공부했으면 하는 바람입니다. 유대인은 배움 자체를 '~을 위해서' 도구나 수단으로 생각하는 것이 아니라 어릴 때부터 배움 자체를 즐기고 성스럽게 생각한다고 합니다. 함께 즐기고 나누는 공부를 하다 보니 꿈을 이루었고, 유명해졌고, 노벨상도 타게 되었다고 말합니다.

그들처럼 우리 아이들도 이제는 행복한 배움의 과정을 밟기를 바랍니다. 교육에 재미를 더한 게이미피케이션을 적용한 하브루타 질문 놀이가 곳곳에서 실천되고 있다고 믿습니다.

책을 마무리하는 시점에서 조심스런 물음표를 던집니다. 저와 함께 했던 아이들의 대화 내용들, 실천 사례들이 오히려 부모들에게 또 다른 방식으로 내 아이와 비교 대상이 되거나 조바심을 초래하지는 않을까? 개인의 생각이 모든 사람에게 일반화된 생각처럼 포장된 것은 아닐까?

이런 물음이 앞으로 더 깊이 생각하고 더 많이 성장하기 위한 밑거름이 되기를 바라며 다음 시에 나오는 '봄길'과 같은 사람이 되어 겸손히 배움 앞에 서야겠다는 다짐을 합니다.

항상 곁에서 든든한 힘이 되어 주고 따뜻한 격려와 지원을 해 주는 남편과 하브루타 질문 놀이에 대한 지속적인 관심과 사랑을 주신 모든 분께 감사의 마음을 전합니다.

〈봄길〉

정호승

길이 끝나는 곳에서도

길이 있다

길이 끝나는 곳에서도

길이 되는 사람이 있다

스스로 봄길이 되어

끝없이 걸어가는 사람이 있다

강물은 흐르다가 멈추고

새들은 날아가 돌아오지 않고

하늘과 땅 사이의 모든 꽃잎은 흩어져도

보라

사랑이 끝난 곳에서도

사랑으로 남아 있는 사람이 있다

스스로 사랑이 되어

한없이 봄길을 걸어가는 사람이 있다

|참고문헌|

김정완·양동일(2016). 질문하고 대화하는 하브루타 독서법. 예문.

김현섭(2015). 질문이 살아있는 수업. 한국협동학습센터.

김혜경(2017). 하브루타 부모수업. 경향BP.

놀이교육연구회 '같이 놀자'(2016). 수업을 살리는 놀이 레시피 101. 천재교육.

DR하브루타교육연구회(2016). 하브루타 질문 수업. 경향BP.

로버트 루트번스타인, 미셸 루트번스타인 지음, 박종성 옮김(2013). 생각의 탄생. 에코의 서재.

요한 하위징아 지음, 이종인 옮김(2010). 호모 루덴스. 연암서가.

유현심·서상훈(2018). 하브루타 일상수업. 성안북스.

이인희(2015). 교실놀이, 수업에 행복을 더하다. i-Scream.

이진숙(2017). 하브루타 질문 놀이. 경향BP.

전성수(2014). 유대인 엄마처럼 격려+질문으로 답하라. 국민출판.

조영남 외(2006). 교육적 질문하기. 교육과학사.

칼 카프 지음, 권혜정 옮김(2016). 게이미피케이션, 교육에 게임을 더하다. 에이콘출판.

KBS 공부하는 인간 제작팀(2014). 공부하는 인간. 예담.

파커 J. 파머 지음, 이종인·이은정 옮김(2011). 가르칠 수 있는 용기. 한문화.

피터 F. 드러커, 프랜시스 헤셀바인, 조안 스나이더 컬 지음, 유정식 옮김(2017). 피터 드러커의 최고의
    질문. 다산북스.

필 매키니 지음, 김지현 옮김(2013). 질문을 디자인하라. 한경BP.

하브루타수업연구회(2015). 질문이 있는 교실(초등 편). 경향BP.

하브루타수업연구회(2017). 하브루타 수업이야기. 경향BP.

한경애(2007). 놀이의 달인, 호모 루덴스. 그린비.

헤츠키 아리엘리, 김진자(2014). 탈무드 하브루타 러닝. 국제인재개발센터.